IGREJA FÉ APOSTÓLICA EM MARCHA
Silva Lopes Etiambulo Agostinho

2021

Ficha Técnica:

AUTOR:
Silva Lopes Etiambulo Agostinho
EDIÇÃO:
Rufino Daniel Guilherme
CAPA E CONSULTORIA BLURB:
Celso Salles

Editora

CENTRO OPERACIONAL ANDA

COMO FUI USADO PELO ESPÍRITO SANTO NA PROVÍNCIA DO HUAMBO E LUANDA.

No Huambo, fui usado pelo Espírito Santo por reunir durante oito cessões com as duas Direcções das Missões, **Canana** e **Betânia** até que haviam se unidos e criado um Conselho Nacional da Igreja Fé Apostólica, com o seu Secretariado Executivo e os escritórios localizados na Avenida 5 de Outubro, abaixo segue algumas conclusões saídas nos respectivos encontros:

De igual modo fui também usado pelo Espírito Santo ao fundar em conjunto ao então Ansião **Antunes Jilike**, uma localidade denominada **Terra Canaã**, nome dado por motivo de a mesma localidade ter albergado só os irmãos que recuaram da guerra em diversas províncias, muito mais os de Luanda. Tive também a iniciativa de construir uma escola de 3 salas de aulas para suprir as dificuldades que se faziam sentir e fundei em conjunto o Senhor pastor **Lucas Hama**, a ORGANIZAÇÃO FRATERNAL CRISTÃ E BENEFICÊNCIA (**ORFACRISTÃ**).

Em Luanda, fundamos em companhia com o irmão **Tiago Pires**, **Cornerio Sambinde** e **Salomão Vigimil** a localidade denominada **Nova Jerusalém**.

Também em Luanda ajudei a irmã **Celita Longue**, fundar a Localidade de **Mamire** e o Irmão **Bento Chayevala** que fundou a Localidade de **Chipre**, enquanto a Localidade de Água da Vida em Cacuaco foi por grandes esforços conjuntos entre a minha família e os dirigentes da Nova Jerusalém, ajudou-se tam da sua Capela na área da Funda e o Pastor **Armando Mambo** na implantação da igreja na Província do Uíge, aquisição do terreno no km 40 Viana área do Zango, Mundial e Sequel-Cacuaco, compra e início da construção de uma Capela na Comuna dos Ramiro, e a procura de fundos para a construção da escola na Missão da Palestina, a compilação dos hinos para impressão da 1ª edição do hinário apostólico que só foi possível ser lançado em 2015 pelo Pastor **Samuel Paquissi Pacheco** com o conhecimento e a aprovação do mestre fundador da IFA em Angola, **Rev. David Gorge...**

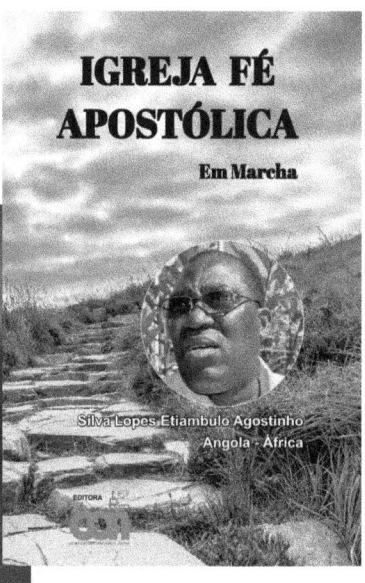

BIOGRAFIA DO AUTOR

A História de Silva Lopes Etiambulo Agostinho se confunde com a história de sua maior obra: ANDA - Associação Nacional dos Deficientes de Angola. Falar da história da ANDA é falar da história de ETIAMBULO.

Dia 1 de Fevereiro de 1992 - Data de Fundação da ANDA

Como surgiu a ideia de se fundar a ANDA?

Há muito se fazia sentir a existência em Angola de uma Organização de pessoas com deficiências, mas por motivo de colonização, falta de liberdade democrática antes e depois da independência nacional não foi possível ser fundada.

Em 1991 o Governo angolano aprova a lei 14 denominada lei das associações e em Setembro do mesmo ano dois deficientes Angolanos participam no seminário internacional de reabilitação na cidade de Harare na republica do Zimbabué e em sequencia no seminário de formação dos lideres associativos de deficientes em Bulawayo segunda capital da republica do Zimbabué, promovido pela SAFOD (Federação dos deficientes do sul de Africa). Trata-se dos senhores, Silva Lopes Etiambulo Agostinho, actual presidente da ANDA e Alice de Matos Tomas, ambos deficientes físicos de guerra.

As despesas da deslocação dos dois deficientes foram custeada pela então secretaria de estado dos antigos combatentes, liderado na altura pela sua Excelência senhor general Manuel Francisco Domingos Tuta " Batalha de Angola"

Como não podia deixar de ser , acompanhou a delegação o senhor Carlos Moreira Cameia "Turra Negra", então director nacional de recenseamento e atribuição dos direitos sócias da SEAC já falecido por doença.

Quando a delegação voltou em Angola, teve a oportunidade de começar a transmitir o que aprendeu e viu no Zimbabué, o que permitiu que o numero de delegados provinciais da SEAC que se encontravam a participar no seminário nacional de reabilitação, realizado no município da Viana fossem motivados, tendo na altura ter sido marcado o 1º encontro no restaurante S. João no município da Viana no dia 20 de Outubro de 1991. Saiba muito mais: www.andaangola.org

Celso Salles - Consultor, Escritor e Pesquisador.

4

Capítulo I

INTRODUÇÃO

O objectivo deste livro é oferecer informações úteis sobre a vida da Igreja Fé Apostólica desde a sua implantação em Angola pelo Rev. David Jorge em1960.

Aspectos ligados com o avanço da evangelização, conversão, desconversão, contradições internas, separações e unificações, a intervenção dos Líderes da Igreja no exterior do país, intervenções dos Líderes das Organizações Cristãs em Angola para a transformação do conflito entre membros, estão espelhados neste livro.

As conclusões saídas nas reuniões bilaterais entre Líderes da Missão da Canana e Betânia realizadas em 1993 na cidade do Huambo e o relatório da visita do então Representante da Igreja em África o Rev. Samuel Moisés Hutamo é também encontrado neste livro bem como as biografias em sínteses dos 12 apóstolos que andaram com o nosso Senhor Jesus Cristo.

Podemos encontrar neste livro várias compilações tais como a doutrina e ensinamentos seguidos pelos primeiros crentes na Inglaterra, a definição da Fé Apostólica, as diversidades da mesma, o baptismo, o casamento cristão, a homilética acerca do comportamento dos dirigentes no culto e o significado do uniforme usado pelos crentes apostólicos.

Aproveito convidar a todos para lerem este livro achado como muito importante para a vida dos crentes da igreja do Senhor Jesus Cristo.

SILVA LOPES ETIAMBULO AGOSTINHO
ANCIÃO - AUTOR DO LIVRO

Capítulo II

RESPALDO DA MINHA VIDA

Há anos que sempre tive o pensamento de escrever um livro que reportasse factos e acontecimentos que ocorreram na Igreja Fé Apostólica desde o seu estabelecimento em Angola em particular e no Mundo em geral.

Antes de converter na mesma, eu era um jovem corista da Igreja Evangélica Congregacional na Missão Evangélica do Chilesso, pois os meus pais e irmãos mais velhos eram da mesma igreja, e o pai tinha o estatuto de diácono leigo e as suas funções obrigavam-lhe a viajar muito nas várias aldeias visitando as filias da igreja. O meu irmão mais velho Teodoro Kapepula, foi o primeiro a converter na Fé Apostólica em 1972, na altura residente em Luanda. Ele antes era um dirigente do grupo coral da Igreja Protestante da nossa Aldeia Jordão (nome Cristão), pertencente a Embala Muenga-Andulo. Quando tomei o conhecimento de que meu irmão mais velho era membro da igreja Apostólica e soube também que quando matam uma galinha eles comem a metade e a outra parte enterram, decidi sair na aldeia isto depois do fim das aulas que estive a frequentar na Missão Evangélica do Chilesso-Andulo e fui a Luanda confirmar se era verdade ou não. Tinha na minha mente pedir ao meu irmão a metade da galinha de cada vez que matassem ao envés de enterrá-la, mas o sonho saiu-me ao contrário porque a minha cunhada Rodrina Bimbi, logo que me viu começou a evangelizar-me e notei que afinal era o sangue que não comiam e acabou por me convencer dizendo que o sangue era a vida do animal. Mas eu pensando que já tinha o meu 1º ano liceal e ela apenas tinha a 3ª classe, murmurei sozinho "é unívoco aceitar a esta senhora, nem ao meu irmão, estes não sabem o que fazem e não estudaram como eu, deixa-me ir viver com os amigos, ainda mais dizem-me que não se pode beber, fumar, dançar, ir aos filmes, namorar, comer carne de porco, peixe sem escama e nem lutar? Coisas que mais gosto é o que me proíbem? Nunca mais, deixa-me ir embora viver longe deles".

6

Deixei o bairro Lixeira e fui para o Sambizanga onde comecei a beber a sério com os amigos e a fazer tudo que me proibiram, isso em todos finais de semana, até que cheguei a me integrar no grupo de delinquentes que provocam os brancos para saírem dos bairros porque eram dos pretos. Tempo depois, cheguei a conhecer o movimento Politico MPLA clandestinamente e no mesmo tempo comecei a ver que perdi o emprego e passei a trabalhar como ajudante de pedreira, o sofrimento piorava cada vez mais e os estudos ficarão sem efeito.

Na obra, encontrei membros da igreja do meu irmão, eles eram muito honestos, falavam só da Bíblia, então um certo dia, um deles falou para mim dizendo; ó rapaz tens que deixar de beber pois o fim do copo é o inferno, isto foi em Outubro de 1973.

A partir daquela data comecei a sentir medo e passei a beber menos, ocupando-me mais investigando o que era inferno afinal? No mesmo ano 1973, entregaram-me ao papá Abílio Malungo de kalussinga-Andulo/Bié para me evangelizar, e ele obrigou-me a mudar para a casa dele e a dormir com ele, começando assim a minha mudança de atitudes e comportamentos aceitando deixar tudo e seguir aquilo que fugira, pois um dia quando estava passeando na avenida dos combatentes entrei na Livraria Bíblica onde encontrei um livro denominado "O PEREGRINO", quando comecei a ler vi a figura de um homem com o embrulho nas costas lendo o mesmo livro, nele encontrei uma passagem que dizia " OLHA AQUELE CAMINHO ESTREITO NA TUA FRENTE, ANDA NELA, É ESTREITA E RECTA, FOI INICIADA PELOS PATRIARCAS, PROFECTAS, CRISTO E SEUS APOSTÓLOS, E É POR ONDE DEVES ANDAR", dai fiquei muito satisfeito louvando a Deus que agora sim escolhi a boa igreja fundada pelo nosso SENHOR, JESUS CRISTO.

Em Novembro de 1973, o mestre explica-me os capítulos de S. Lucas 6v12, Efésios 2v18, os Levíticos 11 e 12. Num domingo fui levado a Igreja no bairro da Madeira e fui apresentado aos mais velhos, e na altura cumprimentar um mais velho tinha que ser de joelho e a distância não importando o tipo do trajo. Só assim é que deixaram-me entrar na igreja começando a aplaudir e a cantar a canção que dizia: "EU ANDEI NA ESCURIDÃO, EU ANDEI NA ESCURIDÃO, EU ANDEI NA ESCURIDÃO NÃO CONHECIA O BEM, bis etc".

Ali fiquei até que no dia 18 de Agosto de 1974, fui levado ao baptismo o que foi maravilha para minha vida. Lembro que o mestre do Baptismo era o Servo Isaac Saluiva, e quando regressamos à igreja o Mestre David Jorge foi quem nos ungiu as mãos recebendo assim o Baptismo do ESPIRITO SANTO. Depois do baptismo fui logo colocado no grupo coral e logo registado no livro de membro com o número 308, e no primeiro domingo quando começamos a cantar vi a seguinte visão: uma árvore grande, estava sendo cortada as folhas e mais tarde cortaram o próprio tronco, de repente vi que o tronco levantou-se e foi aos céus e nos céus veio um pombo pousou na praia, e quando olhei ao lado vi uma linda cidade de repente vi que nos céus saiu uma chama de fogo caiu em cima da própria cidade e começou a queimar, logo assustei e o coro parou de cantar e pus-me a chorar. No final do culto o Pai Njali, **David Jorge Njanganjanga** como o chamávamos na qualidade de líder da Igreja, cujo nome real é David Jorge, mandou-me chamar e disse-me que tu recebeste o dom profético hoje.

A partir daquela data até a presente,tenho caminhado com o mesmo dom recebendo mensagens e vendo visões espirituais, e muitos olham-me mal como o faziam a José vendido no Egipto pelos seus irmãos.

Foto tirado em Setembro de 1974 isto depois de ser baptizado e colocado no grupo coral, ao lado direito é o meu amigo Gabriel Sopia, meu mais velho na fé.

A minha vida mudou a partir daquela data, encontrei um novo emprego na empresa CIMENTO DE ANGOLA, e mais tarde fui promovido passando a ganhar #8.750, um bom salário até a data que nos retiramos em Luanda devido aos confrontos militares dos Movimentos de Libertação Nacional. Como era de costume, que quem converte tem que evangelizar outros membros, na minha linha evangelizei Elias Capitão-Mor e Claveiro Lopes e mais tarde tantos que já não consigo contar.

Antes da nossa saída de Luanda, tivemos uma contradição na igreja derivado da reivindicação dos mais velhos contra o Pai Njali por não saberem os destinos das receitas da décima parte que os membros davam, e isto gerou uma grande confusão o que obrigou ao Pai Njali convocar uma assembleia de todos os membros da igreja perguntando um a um e sabendo dos actores, mas como ninguém quis falar a verdade, ele levantou-se e disse: Há! Como não há quem possa justificar, eu vou orar ao meu Deus para que Ele envie um cão raivoso de Satanás para morder todos aqueles que conduziram esta calúnia contra mim, uma vez que quando voltei do Zimbabué (1975), expliquei a vós a orientação que me foi dada pelos mais velhos.

Aconteceu que terminada a reunião, ao sairmos fora da Igreja o mais velho Paulino Cambambe apanhou um tiro de bala perdida na bochecha tendo o mesmo cuspido no chão, enquanto um outro tiro passou na madeireira furando a geleira partindo a garrafa de água e posteriormente encontrar a bebé do Pai António Balú, Benvinda Graça "Henda" esposa do pai Alfredo Chipepe, atingindo-a na face e a mesma bala continuou furando a outra tábua e posteriormente desaparecer.

A partir daquele momento o pânico entrou na área e todos começaram a arrumar as coisas abandonando o lugar, deixando a sua sorte o Mr. David Jorge. Vendo isto, nós jovens (Castro Cutilata Júlio, Elias Capitão-mor, Leonardo Chilulu e eu) decidimos transportar para o porto de Luanda toda a mobília do mestre colocando no Barco NGOLA, na altura alugado pela direção da UNITA com destino a Lobito. Eu para não ser descoberto, uma vez que era um jovem que escolhera o MPLA, tinha que utilizar um braçal escrito ALVORADO, que o nosso dirigente coral Castro Culitata Júlio me fornecera uma vez que ele era da UNITA.

A minha retirada de Luanda para o Centro de Angola foi estratégica, já que a maioria de todos membros da igreja eram simpatizantes da UNITA e eu tinha escolhido o MPLA em 1973, e como se não bastasse também participei activamente na manifestação do dia 25 de Abril de 1974 indo no Palácio na cidade Alta e também participei nas acções de expulsão dos brancos nos bairros, tinha que me infiltrar no grupo dos irmãos da igreja que eram simpatizantes da UNITA e assim foi possível retirar-me de Luanda de barco até Lobito e mais tarde apanhamos o Comboio com destino ao Huambo acompanhando os mais velhos e dentre eles o Mestre David Jorge e toda a sua família. Postos no Huambo, começamos a criar condições do lugar para viver e adorar até que conseguimos algumas casas abandonadas por causa da guerra entre FNLA e MPLA e mais tarde com a UNITA.

Como os meus irmãos quando saíram de Luanda foram directamente a aldeia onde estavam os pais, fui obrigado a segui-los depois de ter ajudado os mais velhos a se estalarem no Huambo, mas posto na aldeia comecei a ter dificuldades por quanto as minhas primas pensavam que eu ainda estava no mundo como antes, começaram a me tentar para ir com elas as farras e quando vi que estava a piorar, duas semanas depois decidi ir para a Sede do Município do Andulo, passando por Utalamo na Aldeia do então diácono António Balú actualmente pastor, a fim de explicar um sonho que o meu irmão Teodoro Capepula não conseguiu decifrar e nada fiz pois também não decifraram-no, e chegando a Sede do Município hospedei em casa do primo Cornélio deficiente e mecânico de motorizadas, onde fiquei alguns dias e mais tarde decidi viajar para a capital do Distrito, Silva Porto, actual Bié passando por Chissala aldeia onde viviam os meus amigos e colegas do grupo coral da nossa igreja quando estávamos em Luanda. Em Chissala expliquei o sonho aos mais velhos que ali viviam e interpretaram o mesmo sonho e viajei para a cidade do Kuito e como não tinha onde me hospedar, passei a dormir debaixo de uma escada de um prédio e a minha cama era papelões, e de manhã tinha que guardar no fundo da escada para utilizar outra noite.

Na altura a cidade estava a ser governada pelo movimento político da UNITA e todo cuidado era pouco para quem recuou de Luanda cujo seu movimento de escolha no princípio era diferente. Nesta altura, o Senhor Victorino Moisés de Almeida que era activista da UNITA para área social sentiu pena de mim e dava-me por cada dia uma lata de leite moça para o sustento, e por maravilhas de Deus, ele mais tarde chegou a converter-se na Fé Apostólica ficando como meu discípulo e finalmente acabou por se casar com a minha sobrinha Domiana "mãe do Pula".

Como alternativa procurei o pastor Domingos Ekolelo, que o mestre David Jorge havia enviado para abrir a igreja em Silva Porto, procurei-o até que o encontrei, o mesmo vivia no bairro com péssimas condições chamado Catemo, no meu regresso a cidade, fui reconhecido pelo irmão mais novo do primo que deixara no Andulo chamado Zaqueu, na altura fotógrafo, levou-me a sua casa e logo as minhas condições mudaram, deixando de dormir por debaixo da escada. O primo como tinha uma casa de fotografia colocou-me como funcionário do balcão onde um certo dia cheguei de me avistar com o então jovem Lucas Latino Chissingui que já era apóstolo, na altura eu estava a cumprir a minha penitência por eu ter sonhado que o pai Njali faleceu e os mais velhos de Chissala a quem contei a visão eles interpretaram o contrário, dizendo que "O pai NJali morreu em Espirito não na carne", isto a partir da data que ele lançou a praga de que um cão raivoso de satanás iria morder todos crentes que reivindicaram a questão do destino dos dinheiros da décima parte que os membros davam, e a partir dali tornamos amigos pois ele também estava cumprir uma penitência conforme me contou. A minha penitência saiu na conferência realizada no Huambo em Setembro de 1975, onde embora quando me chamaram tivesse explicado como foi o sonho, o pai Njali e o diácono Amos Job Cavaleka na altura bem como os outros mais velhos, chamara-me de mentiroso e quando comecei a chorar mandaram-me retirar-se da sala onde decorria a reunião e posto fora o diácono António Balú, no momento veio ter comigo dizendo: o pai Njali decidiu que cumprirás 90 dias de penitência.

Como é de costume dos apóstolos de que quando alguém fica suspenso ninguém pode lhe saudar nem comer com ele, a partir daquele momento o meu sofrimento começou, fui logo obrigado a dormir na varanda da casa do mestre David Jorge, mas a mamã Njali esposa do mestre, me trouxe um pouco de comer uma vez que era já noite e não tinha onde ir mais. Meu espanto, foi que quando amanhecia, levantei-me para ir a Santa Elias ir apanhar o Comboio com destino ao Bié, posto na estrada vi por minha frente um homem muito forte e alto marchando mas eu não senti medo, este homem andou até a linha ferria, quando o comboio parou ele abriu a porta entrou e o acompanhei só que já não vi onde ele sentou até que cheguei em Silva Porto-Bié, e só assim que descobri que era afinal o Anjo da Guarda, isto foi em Setembro de 1975. Amém, o Senhor seja louvado amém.

Finalmente, acabei de cumprir a penitência tranquilamente e quanto faltava um dia fui apresentar-se ao Pai Njali e ele admirou bastante porque era muito difícil um solteiro agir daquela maneira. A partir daquela data fiquei mais fortificado na fé pois sabia que a grande tentação é feita pelos nossos mais velhos na fé. Na altura em Silva Porto-Bié, actualmente Kuito, apresentei-me ao pastor Domingo Ekolelo, tendo me atribuído a responsabilidade de controlar as crianças, pois ele já havia construído uma pequena Capela e começamos ali a realizar os cultos e como se não bastasse eu cantava uniteto todos dias dos cultos, pois era o único jovem na área.

De sublinhar que durante o tempo que estava na penitência a minha vida era só orar, para que não fosse tentado e caísse de vês na desgraça, pois o meu pregador havia me ensinado que no caso de haver uma tentação é necessário utilizar a arma do cristão o escudo e a espada que é a oração.

Os meses de Novembro e Dezembro a cidade do Kuito estava agitada pois ouvia-se rumores de guerra e eu como estava ligado com um grupos de jovens no bairro Kabrukuto que eram da JMPLA antes da UNITA correr com as FAPLAS e com a experiencia de luta que já havia aprendido em Luanda, comecei a ter calma e preparar-me no que ia de vir contra a UNITA, e quando as FAPLAS chegaram no Kuito eu já não fugi para as matas senão receber o Comandante Fumo no Kuito Bié e começar participar nas actividades militares e do MPLA com os camaradas Tunes Kapusso, Abel Satura, Rui Falcão e outros.

Capítulo III
A PEREGRINAÇÃO
Hino em Português nº219 Evangélico

Falando da importância do respeito e destaque no coração a palavra de Deus, embora solteiro consegui levar acabo o cumprimento da orientação do pai Njali que me baixou num dia em que ele vinha no Kuito comprar farinha de trigo e encontrou-me na minha casa na cidade, já com um membro convertido o papa Victorino Moisés de Almeida que era um funcionário da Delegação da UNITA, e por minha influência ele já não conseguiu ir as matas ficou comigo, converteu e veio casar mais tarde com a minha sobrinha Damiana com quem nasceu o "Pula" e outros.

Ao aceitar a orientação do pai Njali foi possível mudar para Cetecor-Cunje, onde vivia o papa Lopes Pedro que tinha deixado de adorar, com a finalidade de lhe persuadir a voltar a igreja pois estava a beber muito. Mais tarde, converte a sua esposa, a mamã Joana, o seu cunhado o papa Elias, o papa Samassela, o enfermeiro Zacarias e o enfermeiro Guilherme, e logo iniciamos os cultos na casa do membro Lopes onde certo dia fomos bloqueados pelos militares das FAPLA que nos mandaram deixar de adorar, e diziam que não existe Deus, mas como eu já era militar e militante do MPLA não senti medo, continuei a evangelizar até que construímos a igreja e o papá Lopes Pedro passou para Pastor da Canana 4 como chamávamos e depois voltei a abrir uma filial no Catemo, e assim começou a crescer a IFA no Bié que até hoje já tem Missão e vários Centros e filiais. O papá Lucas Latino José Chissingui, acompanhou estas actividades pois quando vi que tinham já convertidos alguns membros, fui a busca dele no Huambo para me ajudar e ele na altura tinha um dom de ver tudo o que passava no seio dos jovens principalmente no acto das orações.Recordo-me que um certo dia fomos orar na casa do papá Lopes Pedro porque os nossos mais velhos (Bernardo Sakonjo e Celestino Chimuanga) desconseguiram orar para ele, e nós quando lá chegamos o papá Lucas viu logo que o doente estava endemoniado, e quando eu comecei a orar o papá Lucas Latino dizia: ó pai, já saiu um demónio mas a mamã Joana tem que sair fora e o pai deve continuar a orar.

De repente o doente gritou e a mamã Joana que demoradamente estava saindo o demónio lhe empurrou e caiu no chão e começou a tremer, o profeta Lucas dizia amém, amém o demónio saiu pai, Aleluia. Naquela mesma hora era uma grande alegria porque o doente começou a falar.

Recordo-me também, que num certo dia fomos a cidade cortar o cabelo, e quando chegamos na zona encontramos pessoas chorando e um dos papás informou-nos que era a filha do papá Zacarias enfermeiro que faleceu e a família lhes expulsou lá do Cunje para Cetecor, dizendo que os apóstolos são os que mataram. De repente o profeta Lucas diz-me não pai, tentaram-nos, vamos a tua casa orar e o fizemos. Quando estávamos orando recebi uma massagem espiritual que me dizia, "tira o seu lenço da mão no bolso e entrega ao Lucas e diga a ele para ir a casa do óbito pôr na testa da criança morta o mesmo lenço e ela vai acordar pois está apenas adormecida amém", de repente o fizemos e quando o profeta Lucas lá chegou, cumpriu com a orientação espiritual e a criança acordou. DEUS SEJA LOUVADO. Os familiares da criança gritavam: agora apanhamos os feiticeiros, como ameaçamo-los eles fizeram toda manobra para acordar a crianças, e outros diziam que sim estes são mesmo Apóstolos verdadeiros e a partir daquela altura o bairro começou a encher de membros.

Devido ao bom trabalho que estávamos levando a cabo, os mais velhos obrigaram-nos arranjar noivas, das quais tirámo-las na igreja pois não se devia tirar fora conforme era de costume, e casamos juntos no dia 30 de Outubro de 1976 com as filhas dos primeiros crentes da Fé Apostólica o papá **Vasco Nataniel** e **Jacinto Salomão**, mas no meu caso não tive bênção pois no dia 2 de Novembro do mesmo ano isto dois dias depois, os mais velhos vieram a busca da minha esposa em casa alegando que a mesma era bruxa, a mamã **Fernanda** do pai **Mendonça Epalanga**, teve um sonho e a partir daquela data os problemas me assolaram, mas eu não estava aceitando por estas alegações, embora estavam a ordenar a separação, eu levei a noiva para o Bié com a minha ordem e avisei aos mais velhos que tinham que ter cuidado com as Sagradas Escrituras pois o que separa um casamento é a morte ou adultério.

Capítulo IV
A SEPARAÇÃO COM A 1ª MULHER

A separação com a minha primeira mulher ocorreu quando os mais velhos voltaram a chamar a minha esposa no Huambo, pois eles haviam recebido uma carta do meu vizinho dizendo que a Canana ia bruxar na sua cozinha durante a noite e sem me informar nada. Me lembro que ela numa noite havia cozinhado muito mal o funje e me enervei com ela e ameacei-a com arma e fugiu no milheiro, foi daí onde ela decidiu ir na cozinha da vizinha dormir uma vez que não tinha porta, tirando assim a hipótese de bruxaria conforme havia sido acusada e isto só aconteceu porque já havia sido acusada antes.

Na altura que isto aconteceu, a igreja estava a viver um clima de acusações e julgamentos de todas as mamas acusadas de bruxas, quando tomei conhecimento decidi ir para o Huambo abandonando a frente de combate em Caxingues onde estive destacado em "1978" e posto no Huambo, os mais velhos me informaram a ocorrência dizendo; agora já não deves a levar mais, se quiseres ser membro da igreja, deves deixa-la. Como são os mais velhos que me haviam obrigado a arranjar a mulher, decidi deixa-la e pedi a eles uma carta para ir entregar no meu irmão Pastor **Júlio Francisco** da Igreja Evangélica Congregacional, para permitir arranjar uma outra mulher na minha terra natal.

Chegando no Bié, meu irmão admirou bastante o acontecido e me disse que isto não está bom, ninguém está autorizado separar um casal, mas como já aconteceu leva agora esta carta ao pai que estava no Andulo, pois no Kuito já não havia uma mulher que poderia ser minha esposa.

Não foi fácil arranjar uma outra mulher, **Arlinda, Jamba** e **Josefa** eram umas que me foram apresentadas mas não me foram de agrado até porque umas delas já estava grávida com dois meses e era a que estava mais ou menos, mas a minha cunhada Sofia esposa do Pastor Júlio, detectou-a que estava concebida e no princípio pensou que o autor era eu e teve coragem de me perguntar, respondi-a que na minha igreja não se dorme com mulher que não casaste, só assim que ela perguntou a mesma e confessou que era um FAPLA do Andulo de nome Júlio, mas não sabia que concebeu.

Na mesma altura ordenou-se o regresso da mesma ao Andulo e eu fui obrigado a ir diretamente ter com o pai e outros familiares para arranjar uma outra. Posto lá, mostraram-me duas irmãs e destas escolhi a mais nova **Alzira Cambela José,** e de acordo os costumes e hábitos dos Ovimbundos, tive que pagar a multa a mais velha. Como estava ainda na frente de Chitembo, tive que regressar para o Kuito levando ela e duas testemunhas para que a igreja não desconfiasse, pois na doutrina da Fé Apostólica nenhum jovem pode andar com uma jovem sem ter testemunha.

Quando cheguei no Kuito fui directamente ao Centro Apostólico na Cetecor, apresentei a mulher para ser evangelizada até a data do casamento (29 de Agosto de 1979). De sublinhar que antes de chegar a data da união tive muitas visões que me chamavam atenção para não casar de novo, mas explicando isto aos mais velhos, a resposta era de que as visões eram falsas e chegaram mesmo a me dizer que você ama muito a mulher que deixaste, por isso é que estás a ter estas visões falsas. Marcando o segundo casamento para o mês de Junho de 1979, em Maio dia 22 Perco o braço direito por explosão de um engenho explosivo (granada Sul Africano) e a noiva foge para Luanda pois os seus familiares a disseram que era azar casar um deficiente, e isto era aviso para não casar. Nesta altura eu decidi ter o nome de guerra chamado **"tudo acaba"**. Terminado o meu tratamento no Hospital militar do Bié, enviaram-me para Luanda com a finalidade de adquirir os óculos, posto no avião a noiva que estava fugindo a encontrei e viajamos juntos com a minha prima **Lídia Nambissi** que me informou que ela veio com a mamã Cambela e não vai voltar mais ao Bié porque a família dela já não querem que case-se com o deficiente.

Posto em Luanda, tive a oportunidade de informar isto aos mais velhos da Igreja e eles orientaram-me a ir ter com ela, mas quanto fui ter com ela a sua tia Ilda Napele recusou, e graças a minha prima Lidia Nambissi, que a fez compreender e trouxe ela até a igreja no Bairro Madeira Luanda e automaticamente o pai Njali David Jorge e com a participação dos Pastores **Paulino Cambambe** e **José Maria** decidiu fazer já o matrimônio forçosamente numa noite de sexta-feira dia 29 de Agosto de 1979, e o pastor José Maria limitou-se em fazer três questões a mamã Alzira e olhando para mim apenas disse: oh pai! entendeste?

Assim, acabamos de voltar ao Bié marido e mulher.

Esta atitude foi dolorosa a mama Cambela, casar-se com um homem que já tinha mulher e deficiente, mas graças a Deus ela veio a se conformar tardiamente e no dia 22 de Dezembro do mesmo ano 1979 realizamos o casamento civil na Conservatória da Comarca do Bié, a tia Luzia Namuenho e o seu esposo Bernardo Loureiro testemunharam o acto.

Em Janeiro de 1978, sou chamado na Unidade Militar das Tropas Territorias, e enviam-me na 18ª brigada para tirar o curso de "Radista" e frequentei seis meses tendo aprovado com 28 valores, mas como já não podia ir as frentes me colocaram no Comando Municipal das Tropas Territorias até em Setembro dia 15 que o Partido MPLA no Bié me designou assumir o cargo de Subdelegado Provincial da Secretaria de Estado dos Antigos Combatentes, e o Governo da Província concordou com a designação.

Em 1982 sou nomeado como Delegado Provincial e seleccionado a ir participar num curso acelerado de assistentes sociais na República Democrática da Alemanha onde permanecemos três meses.

Em 1983 no dia 25 de Outubro, perco outra vez a perna esquerda quanto me encontrava em visita de trabalho na cooperativa agrícola de deficientes de guerra na Comuna do Cunje aldeia de Nhani-bugau, por accionar uma mina antipessoal e a partir daquele momento a minha vida ficou complicada, mas como era membro do Governo Provincial a situação foi atenuada porque o Governo chefiado pelo General Marques Munukapui Vasuovava ajudou-me.

Na altura, penso que a Cambela não voltou a fugir porque já tínhamos dois filhos a Evalina Chilombo e o José Chimbandi, e como esposa de um membro do Governo na Província com imunidades já não poderia abandonar-me embora alguns dos meus familiares queriam que ela fosse embora. Devido a isto a mama ficou sufocada e eu em pleno internamento no Centro de Medicina Física na Samba em Luanda, certo dia ela veio visitar-me com o Zito nas costas e me entregou uma carta onde ela escreveu que acabou o casamento e vai no hospital para ser lacreada pois não queria nascer mais, dizendo num dos trechos da carta "chega o sofrimento era de mais", e quanto acabei de ler ela levantou-se foi embora e voltei a lhe ver quando voltei da Hungria em reabilitação física.

Esta foi uma triste trajectória, mas quando voltei da República da Hungria onde fui reabilitado fisicamente fui transferido para a Província do Namibe, fui obrigado a levar comigo o meu chará **Silva Lopes Etiambulo Chiyeke**, pois a mulher nesta altura estava sem falar comigo uma vez que escrevera a carta para mim de que tudo acabou.

No Namibe, exerci as mesmas funções durante oito anos e nove meses e posteriormente transferido para o Huambo no fim do ano de 1991, ocupando as mesmas funções.

De sublinhar que no Namibe enquanto vivia no Hotel solitariamente, a dona **Alzira** me surpreendeu com as duas crianças dizendo-me que decidi vir para não arranjar outro homem, e assim ficamos.

Espiritualmente na Província do Namibe não estive bem, estava afastado um tempo da igreja por ter notado as contradições na mesma que originaram o irmão **António Castilho** abandona-la, e fundar a igreja Apostólica Americana que o mesmo dirige até a data presente. E isto me fez cometer o pecado que tanto tempo fugira, o de adultério e que resultou em dois filhos fora do casamento.

Lembro-me que o irmão **António Castilho** havia enviado-me um cartão convidando-me para ser o conselheiro nacional e neguei. Pela ajuda do nosso Deus, decidi pessoalmente regressar a igreja e quando cheguei no Huambo recuperei espiritualmente e fui consagrado a categoria de Evangelista, e seis meses depois para Diácono e Director Nacional do IASI, (INSTITUIÇÃO DE APOIO SOCIAL A IGREJA) acumulando com as funções de Secretário Geral da Juventude até a data que fui transferido para Luanda em 1995.

Capítulo V
COMO FUI USADO PELO ESPÍRITO SANTO NA PROVÍNCIA DO HUAMBO E LUANDA.

No Huambo, fui usado pelo Espírito Santo por reunir durante oito cessões com as duas Direcções das Missões, **Canana** e **Betânia** até que haviam se unidos e criado um Conselho Nacional da Igreja Fé Apostólica, com o seu Secretariado Executivo e os escritórios localizados na Avenida 5 de Outubro, abaixo segue algumas conclusões saídas nos respectivos encontros:

De igual modo fui também usado pelo Espírito Santo ao fundar em conjunto ao então Ansião **Antunes Jilike**, uma localidade denominada **Terra Canaã**, nome dado por motivo de a mesma localidade ter albergado só os irmãos que recuaram da guerra em diversas províncias, muito mais os de Luanda. Tive também a iniciativa de construir uma escola de 3 salas de aulas para suprir as dificuldades que se faziam sentir e fundei em conjunto o Senhor pastor **Lucas Hama**, a ORGANIZAÇÃO FRATERNAL CRISTÃ E BENEFICÊNCIA (**ORFACRISTÃ**).

Em Luanda, fundamos em companhia com o irmão **Tiago Pires**, **Cornerio Sambinde** e **Salomão Vigimil** a localidade denominada **Nova Jerusalém**.

Também em Luanda ajudei a irmã **Celita Longue**, fundar a Localidade de **Mamire** e o Irmão **Bento Chayevala** que fundou a Localidade de **Chipre**, enquanto a Localidade de Água da Vida em Cacuaco foi por grandes esforços conjuntos entre a minha família e os dirigentes da Nova Jerusalém, ajudou-se também o Pastor **Pedro Kachipoke** na construção da sua Capela na área da Funda e o Pastor **Armando Mambo** na implantação da igreja na Província do Uíge, aquisição do terreno no km 40 Viana área do Zango, Mundial e Sequel-Cacuaco, compra e início da construção de uma Capela na Comuna dos Ramiro, e a procura de fundos para a construção da escola na Missão da Palestina, a compilação dos hinos para impressão da 1ª edição do hinário apostólico que só foi possível ser lançado em 2015 pelo Pastor **Samuel Paquissi Pacheco** com o conhecimento e a aprovação do mestre fundador da IFA em Angola, **Rev. David Gorge**.

Neste percurso considero que a utilização da oração por um lado, e por outro, o arrependimento deve ser total e diário só assim que o Cristão pode sentir-se leve enquanto estiver em vida, caso não, sentirá o peso dos mandamentos, Levíticos e Atos.

Capítulo VI
BREVE HISTÓRIA DA IGREJA DA FÉ APOSTÓLICA DE ACORDO AS MINHAS PESQUISAS PARA FORTIFICAR A MINHA FÉ.

A igreja da fé apostólica, foi fundada no ano 30 pelo nosso Senhor Jesus Cristo, ele escolheu dose (12) homens e lhes chamou de apóstolos, (S.Lucas 6-12), depois da sua morte e ressurreição, a igreja foi muito perseguida com a matança de todos os apóstolos e crentes, até no ano 150, D.C. ela havia desaparecido em quase todo mundo.

A mesma foi estabelecida no mundo pelo **Reverendo Wiliam Oliver Hutchisom em Winton, Bournemouth - Inglaterra** no ano de **1908**. Em **1916** depois da palavra se expandir, estabeleceu-se em várias localidades formando filiais, a igreja foi devidamente registada pela escritura de acordo a lei do Governo Britânico junto com os seus ensinamentos, doutrina e regulamentos, e foi devidamente registada como uma organização filantrópica em **1965** sob o **nº262918**, estando situado o seu 1º templo na rua Mucliffe nº66, local considerado como sede Mundial e actualmente está a ser dirigida pelo reverendo **Duncan Lee**.

Em Dezembro de **1911**, o pastor **Hutchinson** veio na África com outros trabalhadores e estabeleceu a igreja primeiramente em **Joanesburgo** e seguidamente expandiu-se noutras partes do continente no qual progrediu e cresceu. Joanesburgo foi concebida como sede continental da igreja que comporta os Países de **Angola**, **Botswana**, **Congo Democrático**, **Lesoto**, **Malawi**, **Moçambique**, **Namíbia**, **Suazilândia**, **Tanzânia**, **Zâmbia** e **Zimbabwe** e mais outros territórios.

Em Angola o processo de evangelização iniciou no dia **15 de Janeiro** de **1960** quando o **Mestre David Jorge** regressa no Pais vindo do Zimbabué, onde convertera na Fé Apostólica juntamente a sua esposa e fixa-se na cidade do Huambo no bairro de Bomba Alta, tendo em 1º lugar evangelizado (7) sete membros, nomeadamente: **Vasco Natanael**,

Amós João Cavaleka, **Daniel Muelekumbi**, **Barnabé Hossi**, **Isaac Chipalavela**, **Henrique Kapingana** e **Jacinto Salomão** e este ultimam envagelizar o Kawidima Rubem que por sua vez nele veio seguir os que estavam na tropa colonial na Vila de Salazar actual N'Dalatando, destacando-se o José Domingos Firmino, alguns dos quais já deixaram o mundo dos vivos.

Quando a polícia de opressão colonial (PIDE-DGS) se apercebeu da entrada desta igreja em Angola, aprisionou o mestre **David Jorge** na qualidade de evangelista e depois da sua soltura foi obrigado a reconhecer a igreja junto do Governo Português colonialista na altura.
Uma vez registada a igreja, começou a ser expandida a outras províncias do País com a convertência de muitos membros e sempre com a sua sede na cidade do Huambo, Bairro da Chiva.

AS PRIMEIRAS CONTRADIÇÕES INTERNAS.

Em **1972** o 5º crente na convertência, **Isaac Chipalavela**, começou a ter contradições com o seu Mestre **David Jorge** e automaticamente separa-se do mestre e leva todos membro que ele havia evangelizado e funda uma ala com a mesma denominação e constrói um templo no mesmo bairro, perto da igreja do seu mestre que passou a denominar **"Betânia"** o que obrigou o Mestre David Jorge anos depois mudar a direcção da igreja para Luanda fixando-a no bairro da Madeira.
Em **1974**, houve tentativas de unificação e não foi possível. Neste mesmo ano, Isaac Chipalavela, vai ao Zimbabwe, Bulawayo e Hwangue, e regressa sem sucessos. Por sua vez o Mestre David Jorge toma o conhecimento da ida do seu crente adversário ao Zimbabwe, e deslocou-se para o mesmo e volta como pastor com a recomendação de chamar o seu crente Isaac Chipalavela no sentido de conversar com ele para poder voltar na Igreja onde ele converteu, mas este não concordou pois já tinha membros em sua volta; e acaba de falecer em 1976, tendo sido sucedido por um dos seus crentes.
Em **1984**, o comité executivo da igreja no Zimbabwe depois de receber queixas de alguns crentes Angolanos e terem notado as práticas contrárias a doutrina da Igreja, decidiu suspender o mestre **David Jorge** das suas funções tendo dado a responsabilidade da Igreja ao Reverendo

Henriques Capingana, que por sua vez chegou de congregar todos membros que o mestre controlava na altura.

Aos **29** de Novembro de **1991** em obediência as orientações do Governo de Angola o Rev. Henriques Capingana, deu entrada ao Gabinete da sua excelência Senhor Ministro da justiça da República de Angola, a documentação que solicita a legalização da igreja Fé Apostólica, que por sua vez mereceu o despacho favorável ficando assim a **Igreja reconhecida e publicada no diário da República 1ª serie nº7/92 de 14 de Fevereiro**. Fizeram parte da assinatura do documento que deu a legalização da Igreja os Senhores pastores; **Fidelino Songuile, Jonatão Kaquemba, Florindo Liwema, Gabriel Vicato Figueiredo, Feliciano Sambundile, Lucas Hama** e **Faustino Kanhama** que por sua vez constituíram um Presbitério Supremo que chegaram de apresentar ao Ministério da Justiça.

Capítulo VII
O SURGIMENTO DA ALA DE ANTÓNIO CASTILHO E O PROCESSO DE UNIFICAÇÃO.

Em **1983 António Castilho** na altura como evangelista, viaja para a República do Zimbabwe e Zâmbia com o conhecimento dos dirigentes da igreja, logo ao seu regresso em Outubro do mesmo ano, convidou a parte que havia se separada da igreja para regressar e a então ala da Betânia aceitou, mas mais tarde desmembrou-se de novo por divergências.

Por se notar a violação da doutrina da igreja, o elenco que compunha a direcção da igreja decidiu suspender o então evangelista António Castilho das suas funções, e não ficando de acordo este decide criar a sua ala com sede no Huambo com a mesma denominação (igreja da fé apostólica) de origem Americana embora não estando legalizada pelo Governo Angolano como igreja.

O PROCESSO DE UNIFICAÇÃO.

Em **1986**, houve uma unificação e no final do mesmo ano a ala da Betânia separa-se da igreja.

Dado a esta situação, aos **24** de Janeiro de **1988** o Mandatário da igreja para sub-região norte da Africa Austral com sede no Zimbabué,Bulawayo certifica a nomeação do pastor **Henrique Capigana** a dirigir e administrar a igreja em Angola.

Em **1989**, uma delegação do Zimbabwe chega em Angola, reuniu com a igreja, une e um ano depois isto em **1990**, a Ala da **Betânia** torna a separar-se novamente.

Ainda para salvar, a igreja na crise que se encontrava desde a primeira separação até a última, houve várias tentativas incluindo a realização duma reunião bilateral em **1993** facilitada por mim na qualidade de membro da igreja desde **1973**, que debatera detalhadamente todas as contradições que existiam na altura, tendo chegado a constituir um **Conselho Nacional Apostólico** que congregara todos crentes incluindo a Ala da Betânia, e este conselho só funcionou até fins de 1995 altura em que a ala da Betânia decide desmembrar-se de novo por motivos provocados por mau comportamento do então diácono **Chilala**.

ALGUMAS ACTAS DAS SECÇÕES DE REUNIÕES REALIZADAS EM 1993.

SÍNTESE DA ACTA DA 3ª SESSÃO DA REUNIÃO BILATERAL REALIZADA NO CENTRO DE ARTES E OFÍCIOS DE DEFICIENTES NO HUAMBO, AOS 3/7/1993.

Aos três dias do mês de Julho de mil novecentos e noventa e três, decorreu na sala de aulas do centro de artes e ofícios a 3º- sessão da reunião bilateral das missões apostólicas Betânia e Canana. A sessão que teve início na hora marcada, foi aberta com a canção nº-17 em umbundo 1º- e último verso, tendo na ocasião o pastor **Florindo Liwema** ter efectuada a oração da abertura, enquanto o pastor **Luvemba Sabino** efectuou as melodias tendo lido o salmo 130 em português.

Após ao acto da abertura, tomando a palavra o presidente da mesa disse: Viemos aqui não para passarmos o tempo sentado mais para resolvermos o que nos trouxe; somos dirigentes da igreja em Cristo e nós somos o sal do mundo e nesta circunstância temos que mostrar a verdade. Neste momento existe alguma diferença, mas temos que discutir e encontrar a conclusão, isto para nos possibilitar efectuar uma unificação séria e duradoura. Em seguida o presidente da mesa perguntou aos porta-vozes de cada Missão se tem cumprido com o aprovado da 2ª sessão ou não.

Tomando a palavra o pastor **Lucas** Hama justificou de que não o fez ainda devido várias ordens, estando preparado para efectuar esta actividade no próximo domingo. Respondendo o pastor **Abílio Ndumbo**, considerou a justificação como inaceitável, tendo mesmo exigido que o pastor Hama justificasse melhor. O pastor Hama que ainda não estivera sentado no momento, continuou a reafirmando que era o que já justificou. Intervindo de imediato o pastor Abílio Ndumbo todo nervoso, disse era bom se suspendêssemos o encontro até que a Missão da Canana esclareça a congregação. Tomando a palavra o diácono **Silva**, descordou categoricamente com a proposta e afirmou que a culpa tinha que ser posta ao pastor Hama que não cumpriu ao invés de toda direcção da Missão, isto porque no primeiro domingo ele esteve ausente a procura de combustível já que estavam para sair fora da província em missão oficial e no segundo domingo houve muitas actividades, por mim orientadas facto que originou este incumprimento, mais caso ele saia iria responsabilizar efectuar este trabalho sem falta.

Tomando a palavra o pastor **Albano Ngulawa**, afirmou que há desconfiança por parte da Missão da Betânia com a da Canana, quando nos recordamos no passado e nesta conformidade não transmitiram os resultados dos dois encontros; há desconfiança.

Intervindo de imediato todo nervoso, o pastor Abílio Ndumbo disse: nós da Betânia vamos embora todos, tendo obrigado a segurar na sua pasta exigindo os outros pastores que ainda continuavam sentados a se levantarem. O diácono Silva viu a maneira como se procedia o pastor Ndumbo de como não era própria dos crentes apostólicos e ainda na qualidade de obreiro mostrou-se preocupado, levantou e dirigiu-se no local onde se encontravam, falando para eles pedindo favores para que não saíssem assim nervosos uma vez que abriu os trabalhos com uma oração também tínhamos que fechar. A partir daí a confusão gerou na parte dos participantes ao encontro tendo se esquecidos de como eram cristãos e estavam numa reunião, facto que não permitiu a mesa da redação controlar as inscrições dos dialogantes na altura.

Tendo em conta que muitos irmãos da Missão da Betânia estavam contra a proposta do pastor Ndumbo de se irem embora, foi possível terminar com a confusão na sala até que o presidente da mesa ordenou o encerramento do encontro uma vês que tudo que se discutiu não tinha importância, tendo considerado a confusão gerada como o mau vento que insolou o encontro. Na ocasião o diácono **Silva** mostrou-se saturado com os procedimentos feitos por alguns dirigentes da Missão Betânia, tendo afirmado que não iria dispensar mais a sala onde se tem reunido uma vês que não há respeito com o local nem com as pessoas ai reunidos. A maioria que participou no encontro desacordou tendo mesmo pedido desculpas, dizendo que na próxima sessão não iriam repetir o procedido. Todos acordaram a se encontrarem outra vês no dia 10 de Julho pelas 8:30 no mesmo local, para além dos encontros que terão de ser efectuados e separados entre dois dirigentes **Henriques** e **Martins** com a participação dos primeiros crentes.

Huambo, aos 3 de Julho de 1993.

ACTA DA 4ª CESSÃO DA REUNIÃO BILATERAL DAS MISSÕES APOSTÓLICAS DE CANANA BETANIA.

Aos dez dias de mês de Julho de mil novecentos e noventa e três, realizou-se na sala de aulas do Centro de artes e ofícios dos deficientes, na cidade baixa do Huambo a 4º- secção da reunião bilateral das Missões Apostólicas Betânia e Canana, para efeitos de se discutir o segundo ponto na sua alínea sobre «A SEPARAÇÃO DA MISSÃO CANANA COM O SEU LÍDER DAVID JORGE E O SURGIMENTO DE ANTÓNIO CASTILHO NA CENA APOSTÓLICA.

Os trabalhos que deram o início as 9 horas foram orientados pelo presidente da mesa eleito na 1ª - secção o **Rev. José Domingos Firmino**, tendo sido cantado o hino nº37 em português e a oração foi efectuado pelo Hélder **Estêvão Luciano Chitungo**.

Tomando a palavra o presidente da mesa teceu várias considerações tendo afirmando que o fracasso da reunião anterior foi derivado por falta de cumprimento do decidido sobre os porta-vozes que a Missão de São José não cumpriu, mas agora a questão está ultrapassada pois cumpriu-se com o determinado.

Antes de dar-se a palavra aos participantes, o secretário da reunião o diácono **Silva Lopes** efectuou a leitura de uma gama de propostas que

25

visaram melhorar os trabalhos da IFA em Angola caso se chega-se as boas conclusões no final da reunião. De repente o presidente da mesa passou a palavra ao pastor **Fidelino Songuile** para explicar como se separaram com o Mestre **David Jorge** e o aparecimento de **António Castilho**. O interlocutor ao tomar a palavra disse que derivou duma carta que nós tínhamos enviado ao Zimbabué sobre a situação negativa que o Mestre David Jorge estava a proceder-se perante a congregação, e foi daí onde surgiu a sua separação conosco. Nós não nos separamos dele, mas sim ele é quem nos abandonou pois não quis cumprir com as determinações dos seus superiores, disse: Não estando satisfeito com as poucas explicações dadas; o diácono **Silva Lopes** solicitou que se explicasse melhor a questão para uma boa compreensão, facto que obrigou levantar o pastor **Florindo Liwema**, que numa maneira geral explicou detalhadamente o que a aconteceu na realidade entre o mestre David e seus membros. Ainda na sua explicação não se esqueceu falar a escolha que o exterior tivera feito em substituição de David pelo **Henriques Capingana** e **Abílio Ndumbo** nas missões de **Canana** e **Betânia** respectivamente, até que passaram o poder ao mais novo deles **António Castilho** que veio a ser retirado de novo devido os erros que cometera.

Terminando a explicação o presidente da mesa passou a palavra aos participantes para mais informações ou esclarecimento das dúvidas surgidas, tendo estados escritos seis (6) intervenientes que usaram a palavra em ordem que se seguem.

Hélder **Estêvão Luciano Chitungo**: Este acresceu um pouco das informações prestadas pelo pastor Florindo tendo mesmo chegado de reafirmar de que o mais novo Castilho dominou os velhos e muitos jovens foram enganados.

Pastor **Abílio Ndunbo**; na sua explanação mostrou – se satisfeito com a explicação dada pelo pastor Liwema, pois ele tinha na sua mente de tudo que foi mas gostaria que o ponto da separação fosse muito bem esclarecido. Na sua intervenção, tratou o **António Castilho** como um arreado da IFA pois a igreja que ele dirige actualmente difere muito com a que abandonou, pois a que ele pertence tem a sua sede em **Canada** constituída por grupo de ricos muito denominado por **PORTLAND** e nós temos que tratar assuntos que vissem melhor os nossos trabalhos espi-

26

tuais, deixemos ainda atrás a questão de chefia pois esse será eleito por nós e não outra vez o estrangeiro e nessa altura utilizaremos as orações para que a escolha seja bem-feita, disse.

Diácono **Jacinto Salomão** – tomando a palavra o interveniente nada de importância falou uma vez que limitou-se a repetir as palavras dos seus antecessores tendo a mesa de redacção ter lhe obrigado a sentar-se.

Pastor **Jonatão Kakemba** – Na sua intervenção efectuou a leitura da informação oficial que trata todos assuntos que originaram a Missão canana separar-se com o seu líder, não tendo acrescido, mas nada do que já estava escrito.

Na informação há de notar que a separação foi originária devido ao egoísmo do dinheiro, a manifestação constante das ideias de acusações falsas das senhoras dos crentes como bruxas, a investigação as jovens que se casam se na realidade estaria de bom estado, o mau funcionamento administrativo, para além da falta de consideração aos seus colaboradores mais próximos, facto que se assemelha com o acontecido na primeira separação.

Pastor **Talama** – o interveniente limitou-se a dar agradecimento a maneira que estavam a desenrolar os trabalhos e no final disse que estava ultrapassado.

Tomando a palavra o diácono **Silva Lopes**, fez um resumo de tudo que girou em volta do ponto em discussão e considerou a conclusão que podia tirar seria de que as separações foram feitas devido a ambição do dinheiro e interesses pessoais atribuídas ao Rev. **David Jorge** bem como ao mais novo **António Castilho**, tendo mesmo considerado como importante a explicação destas todas circunstancias que aconteceram aos actuais membros que ficaram com Rev. **David Jorge** a fim de que eles reconheçam e venham na Igreja e isto seria a tarefa de todos nós. Na ocasião os participantes aclamaram com palmas.

Tomando a palavra o pastor Abílio Ndumbo, agradeceu bastante a maneira que foi lida a informação tal como a que ele possuiu e a considerou sendo importante; continuando, perguntou se a Canana tinha ficado com o David também notou erros nele, porque é que não vieram ter conosco que tínhamos nos separado dele para que em conjunto resolvêssemos o problema e desenvolvêssemos a igreja.

Se alguém não confessou bem e é levado ao baptismo este torna o mais velho do pecado, disse. Voltando ainda a perguntar: como vamos receber amanhã ou depois o velho **David**? Temos que orar bem para que a nossa reunião corra bem porque daqui nunca mais **Angola** vai depender mais do exterior, vai eleger os seus líderes e terá só um acompanhamento directo do **Instituto Africano** das **igrejas Apostólicas** com sede na **África** do **Sul**.

Tomando a palavra o pastor **Martins Mbinba**, concordou com o tratado no encontro tendo afirmado que não queria falar mais, recomendou aos outros mais velhos "só digo que nós velhos temos que ser apenas conselheiros aos invés de falarmos de lugares e os novos assumam estes lugares para seguirem em frente", frisou olhando para os seus colegas mais velhos, o Rev. **Capingana** que não aturou a expressão utilizada rebateu dizendo: os mais novos que tínhamos os entregado as pastas já nos vingaram. Sistema que significa de nunca deixar outra vez o lugar as crianças na fé. Não se deixando e de repente o pastor **Bimba** respondeu todo sorridente dizendo, é por isso que conseguimos-lhe tirar no poder, mais se fosse um mais velho seria difícil. O que significa que esta recordado o que o velho **David** fez a quanto das separações.
Os demais que intervieram não trataram assuntos de destaque facto que não obrigou a mesa de redação escrever.

CONCLUSÕES

1º- Que doravante seja considerada ultrapassado a questão da separação do Mestre **David Jorge** com os seus membros de **Canana**, considerado Ele como quem desobedeceu às ordens dos seus superiores que lhe pregaram a palavra. Por outro lado, a igreja terá que levar acções de esclarecimentos aos crentes que ainda ficaram na ala do velho David, consista a fazer com que compreendam os erros por ele cometidos e regressam a igreja abandonada.
Único; os trabalhos encerraram com um hino e uma oração proferida pelo pastor **Lucas Hama**, tendo ficado marcado o outro encontro para o dia 17 do corrente mês no mesmo local.

Huambo, aos 10 de Julho de 1993

REUNIÃO BILATERAL DAS MISSÕES DA BETÂNIA E CANANA.

5º ENCONTRO BILATERAL.
SÍNTESE DA ACTA.

Aos dezassete dias do mês de Julho de mil novecentos e noventa e três, realizou-se o 5º- encontro da reunião bilateral das duas Missões Apostólicas da **Betania** e **Canana** na sala de aulas do centro de artes e ofícios de deficientes na cidade baixa do Huambo. Orientou os trabalhos o senhor José Domingos Firmino, presidente da referida reunião bilateral. O acto de abertura dos trabalhos foi orientado pelo presidente do encontro que depois de se ter entoado o hino nº 75 em português e ouvido a oração na voz do senhor Rev. **Fidelino Songuile** e lido o salmo nº 85 na voz do Hélder **Flávio Econgo**, o presidente da mesa passou a palavra ao Rev. **Henriques Kapingana** a fim de prestar informações sobre a origem da separação da unificação que o Rev. **Filimone** tivera feito em **1990**.

Antes do Rev. **Kapingana** ter tomado a palavra o Rev. **Bimba** pediu a mesa para que o autorizassem aclarar umas questões achadas convenientes uma vez que a informação que ele trouxe é feita por ele próprio e não a congregação. Antes de terminar, interveio o diácono **Jacinto Salomão** que o maltratou dizendo como ele era aldrabão e que não viesse outra vez com as suas aldrabices, facto que não agradou os participantes e decidiu-se expulsa-lo da sala deixando em paz os participantes. Terminando com a sua explicação o Rev. **Bimba**, o presidente da mesa passou a palavra ao senhor Rev. **Jonatão** Kakemba, indicado pelo Rev. **Kapingana** para efectuar a leitura do informe inscrito.

Em seguida o reverendo **Abílio Ndumbo** procedeu a leitura da carta que o Rev. **Bimba** tivera escrito para o exterior informando a origem da nova separação. Para a discussão das cartas em causa foi dividido em partes tendo-se iniciado pela informação do Rev. **Kapingana** que numa maneira geral o reverendo **Bimba** aceitou de tudo que nela estava escrito. Os intervenientes foram vários mais todos apontaram na mesma questão tendo concluído no final os seguintes pontos fundamentais:

1º Que os pontos constantes na informação feita pela Missão de Canana, informando o que originou a separação de **1990** espelham a realidade.

2º Que a justificação feita pela direcção da Betânia relativamente as respostas dadas em função a informação da Missão Canana foram reais e de como aceitou as críticas neles constantes.

3º De igual modo o encontro considerou o documento que reconhece a igreja de como o único para as duas Missões.

Huambo, aos 17 de Julho de 1993.

REUNIÃO BILATERAL DAS DUAS MISSÕES APOSTÓLICAS CANANA E BETÂNIA.

ACTA DA 7ª CESSÃO

Sob a presidência do senhor Rev. **José Domingos Firmino**, presidente do evento e com a participação activa do Rev. **Gabriel Vicato Figueiredo** vice do encontro, decorreu na sala de aulas no centro de artes e ofícios de deficientes a 7ª Sessão da reunião bilateral das duas Missões apostólicas Canana e Betânia.

Os trabalhos da 7ª Sessão incidiram na discussão do ponto último da agenda de trabalho da reunião (Diversos).

No início dos trabalhos foi entoada a canção nº178 em português e uma oração proferida pelo Rev. **Vicato** e logo em seguida deu-se a explicação das melodias nos 1º coríntios capitulo 3 verso 1º ate 23 e 1.10.14 palavras esplanadas pelo Rev. **Martins Bimba** que muito foram acatadas pelos participantes ao evento.

Tomando a palavra o presidente da mesa teceu algumas considerações e deu uma panorâmica de todas as actividades que foram desenvolvidas no decorrer de dias que não se reuniu devido a situação da guerra que se atravessava.

Tomando a palavra o diácono **Silva Lopes** deu algumas informações úteis aos participantes e em seguida deu início a inscrição dos intervenientes ao ponto agendado num total de 21 (vinte e um).

Antes de se dar a palavra aos intervenientes 1º discutiu-se o assunto da carta de Luanda que tivera ficado pendente na sessão anterior tendo-se achado de como a acção foi mesmo por motivo de o assunto estar integrado um membro errado.

Dando a palavra ao Rev. **Áser Ukuachalo**, disse: Tenho medo se na unificação que teremos que fazer vai sair mais um grupo de velhos e jovens para o exterior e irão trazer uns exemplos que contradizem a nossa fé em Angola. Nesta conformidade proponho que a partir desta data para se ir ao exterior deve se escolher pessoas com qualidades. Por outro lado, proponho que na colocação dos quadros dirigentes nas localidades deve-se em 1º lugar o número de membros, bem como as denominações das localidades, não se devendo, no entanto, misturar os dirigentes destas duas Missões e cada uma devera controlar os seus membros para se evitar os erros e choques.

Dando a palavra ao Rev. **Alberto Segunda**, disse: o mais importante proponho que se dê educação cívica no seio dos dirigentes para se evitar o desrespeito que eu próprio sofri junto dos mais velhos **Jacinto Salomão** no Cartório Notarial em Luanda, se um mais novo tem cargo na igreja os velhos têm que o respeitar para que os mais novos que ostentam um cargo também respeitem os velhos sem cargo.

Tomando a palavra o Rev. **Sidónio**, disse: Nos últimos anos lutamos bastante com os nomes dos velhos da igreja e vimos que existe dois tipos da década de 60 e 70 que trouxeram mais confusão na igreja. Nesta conformidade, sugiro que ninguém pedirá mais para o outro morrer. Por outro lado, sugiro que nós que participamos nesta reunião deveremos levar uma boa palavra capaz de servir para quem não participou nela. Vamos constituir um secretariado, nesta conformidade os velhos da igreja deverão ter um só coração e ninguém poderá guardar uma palavra contra o outro no seu coração, isto é para permitir que se ore com sinceridade ao Deus criador.

Dando a palavra ao Rev. **Albano Ngulawa**, disse: Desejo que seja eliminado o hábito de se queixar nas autoridades. Sugiro que os que foram expulsos pela Betânia como feiticeiros devem ser expulsos na fé.

Nesta interveio o Reverendo **Liwema** desacordando com afirmação e propôs que era bom que se efectuasse um levantamento das ambas partes para se estudar caso a caso dos implicados no assunto. Tomando a palavra o Rev. **Justo Cassoma**, informou apenas o que se passava na igreja entre ambas as partes, velhos da Canana e da Betânia.

Dando a palavra ao Rev. **Baptista Wanga**, afirmou: na unificação tem havido uns que trabalham mais que os outros e quando se isso se verificou, havia sempre a palavra de que vamos lhe suspender, acho eu que essa atitude deveria ser ultrapassada, por outro lado digo: se numa localidade existir duas igrejas Canana e Betânia deverão funcionar conforme, salve se as direcções das mesmas localidades estiveram interessadas para se unirem podem o fazer. Assim os que hão de funcionar no secretariado deverão estudar como é que as localidades poderão trabalhar.

Dando a palavra ao Rev. **Pedro Talama**, disse: Eu sugiro que os pregadores que vão levar a palavra de boas novas exprimam apenas a fé ao invés de falarem mais dos acontecimentos da igreja ao novo crente. Tomando a palavra o Hélder **Estêvão Chitungo**, afirmou: estou solidário com o reverendo **Uhuachalo** no que conserva as suas propostas.

Dando a palavra ao Hélder **Germano Kapoko**, disse: o que tem trazido as contradições quando nos unimos, é que há sempre contradições nos mandamentos, uns fazem isso e outros fazem diferente e isso provoca choques, pelo que deve se uniformizar tudo de acordo as escrituras.

Tomando a palavra o catequista **Bento Chivangulula**: este demonstrou apenas a sua satisfação e a maneira que ele teve a oportunidade de participar no evento e pediu aos participantes para nunca separarem mais a igreja.

Dando a palavra ao catequista **Campos**: este agradeceu as palavras lidas nas melodias e ainda afirmou, **como velhos vamos avançar para com a espada na mão, para que se houver alguém enfrente parado vamos lhe empurrar. NB.**

Dando a palavra ao evangelista **Francisco Silva**, disse: nós estamos confiados que o que estamos a fazer é real e os irmãos da Canana devem confiar em nós.

Tomando a palavra o evangelista **José Corvina**; disse que não queremos que haja mais diferenças entre nós ou um de nós traga mais contradições. Dando a palavra ao Rev. **António Balú**, disse: os mais velhos que vão acompanhar o secretariado deverão ter um só coração para que os trabalhos possam andar melhor. Por outro lado, no nosso seio não deve haver os que oram para matar os outros.

Também perguntou se o **dia 17 de Junho** que a Betânia tem festejado iria continuar ou não. Intervindo o Rev. **Martins**, disse que esta data vai continuar assim como outras pois simbolizam o dia da fundação da Missão e a causa. Tomando a palavra o evangelista **Ribeiro**, este apenas agradeceu os trabalhos e pediu que os nossos dirigentes confiassem, embora já velhos e podem também nos dar alguns trabalhos dentro ou fora da igreja.

Tomando a palavra o Hélder **Mendonça Epalanga**, disse: em 1983 cantou- se uma canção que tem trazido algumas dúvidas e acho melhor o poder ultrapassar.

Dando a palavra ao Rev. **Pedro Talama**, este disse: deverá haver uma única consideração entre os dirigentes ao invés de dizer este é da Canana e aquele é da Betânia, solicito que haja um só coração e nunca mais poderemos nos queixar nas autoridades e desculpou os erros cometidos em Luanda.

Tomando a palavra o Rev. **Fidelino Songuile**; explicou de como as denominações da igreja estão e propôs que depois da unificação haverá seminários no seio dos obreiros para unificar uma só coisa a nível nacional.

Dando a palavra ao Rev. **Abílio Ndumbo**, disse: seria bom que houvesse respeito entre nós ao invés de dizermos que este pertence nesta ou naquela Missão. Estamos a construir uma coisa nova hoje e será necessário que haja uma seguridade para sermos considerados, e por outro lado as saídas para o exterior devem ser controladas. Tomando a palavra o Rev. **Martins Bimba** disse: a maioria que estão a tratar o assunto, é bom que se possa cumprir o que falamos e por outro lado acho que não se deve fazer com que uma das partes oriente o secretariado só. É necessário que haja um só coração para se ultrapassar o ódio que tem existido no seio da igreja e por outro é necessário que haja um regulamento interno dos estatutos que regulará a igreja em Angola. Os que trabalharem no secretariado devem escolher alguns períodos para reunir. Se não houver interferências eu não direi mais nada a não ser cumprir com o que será determinado pelo secretariado. Aspectos ligados a não criação de postos médicos, ou um dirigente ser enfermeiro também foram focados por ele.

Dando a palavra ao Rev. **Henrique Kapingana**; duma maneira geral demonstrou a sua satisfação na maneira conforme decorreu o evento e a unificação a ser efectuada, pois isto demonstraria uma riqueza para ele como velho da igreja. Se as duas partes lutarem ou não houver entendimento, deve-se conversar para se ultrapassar os impasses, mas eu peço perdão a todos meus filhos; nós também temos que saber perdoar e peço perdão a todos se alguém me notar com um erro peço que orem para mim para que eu mude na fé, disse. E para que não venha ter mais coração de separação na igreja. A escolha de quem dirigirá a igreja estará ao cargo do próprio Deus que já sabe quem será, disse na sua locução. É uma grande riqueza para mim pois nos tempos passados éramos muito poucos. Nos trabalhos de hoje só alinhavaremos a unificação mais tarde teremos que acertar as ideias do funcionamento da igreja em Angola. Os nossos corações devem estar livres e peço ao senhor pastor **Bimba** para não nos considerar como destruidores da igreja, terminou com a sua locução. Dando a palavra ao Rev. **Lucas Hama**, mostrou-se satisfeito e pediu para nunca desfazer esta unificação pelo trabalho efectuado, dizendo que só desta maneira as outras igrejas estarão salvas por nós.

Os trabalhos foram considerados muito importantes pois que trataram todos assuntos que estavam pendentes nas sessões anteriores.

Huambo, aos 25 de Setembro de 1993.

MINI ACTA DA 8ª CESSÃO.

Aos dois dias de Outubro de mil novecentos e noventa e três, os participantes da reunião bilateral voltaram a se reunir para encerrar apenas os trabalhos, foi entoada a canção 82 em português e uma oração efectuada pelo Rev. **Segunda** e mais tarde passou-se para o acto eleitoral. Para dois candidatos para o secretariado, nos trinta e quatro eleitores 19 elegeram o Rev. **José Domingos Firmino** para 1º secretário e os 15 elegeram o Rev. **Florindo Liwema** para 2º secretário.

No acto de encerramento ouviu-se mensagens dos dois grupos corais presentes no evento e entoaram canções com júbilo. O acto foi encerrado com hino 70 em português e uma oração efectuada pelo Rev. **Gabriel Vicato Figueiredo**.

Huambo, aos 2 de Outubro de 1993.

Aos catorze dias do mês de Agosto de mil novecentos e noventa e seis, e no final da **conferência internacional** da igreja realizado no Zimbabwe é de novo confirmado o Reverendo **Henriques Capingana** a categoria de **superintendente** (bispo) da **igreja** em **Angola**, e a mesma decide afastar todos os que estavam a usar o título **"Apostolic Faith Church"** mas separados da igreja oficial.

Em **1997**, na qualidade de agente de negociação, gestão e transformação de conflitos, preocupado com a condição da igreja em Angola, e porque os afastados continuavam teimosamente a usar o título da igreja, fiz um périplo pela **África** a fim de esclarecer a situação da mesma as entidades responsáveis pela igreja em África deslocando-se para **Zâmbia, Zimbabwe, Namíbia** e **África do Sul**. Preocupado com a situação da igreja em Angola o Líder da Igreja em África o então Rev. **Samuel Moisés Hutamo**, planifica a vinda a Angola para unir a mesma igreja.

Aos 18 do mês de Março de 1998 pelas 12h e 22 minutos, o Rev. **Samuel Moises Hutamo** acompanhado pelo pastor **Benjamin Zulu** chega à Angola graças o apoio multiforme do irmão **Agostinho Hama** que esteve permanentemente em contacto comigo depois de lhe ter enviado os valores que serviram na compra de bilhetes de passagem. Durante a sua estadia na cidade de Luanda, desenvolveu várias actividades que foram desde o encontro mantido com a senhora Directora Nacional para os assuntos religiosos do Ministério da Cultura, a realização de cultos e visitas as diversas localidades das duas Missões que existem em Luanda, e no dia 21 seguiu para a província do Huambo onde situa a sede nacional da igreja legalmente reconhecida e representada pelo então Rev. **Henriques Capingana**.

Depois do cumprimento das cerimonias protocolares, a noite reuniu-se com todos os dirigentes que o esperaram ansiosamente, tendo no final do encontro ter organizado um momento do acto eleitoral que elegeu 10 membros sendo 5 da direcção da igreja reconhecida e 5 da ala Betânia constituindo assim um comité.

Capítulo VIII
RELATO DA VISITA DO REV. SAMUEL MOISÉS HUTAMO EM ANGOLA.

Aos 18 do mês de Março 1998 pelas 12h e 22 minutos, aterra o avião das linhas aéreas da África do Sul no Aeroporto 4 de Fevereiro cujo abordo estava o Rev. **Samuel Moisés Hutamo**, acompanhado pelo Reverendo **Benjamin Zulo**, trazendo a paz e a unidade espiritual de todos os crentes Apostólicos em Angola.

Esperaram no aeroporto 4 de Fevereiro Pastores, Hélderes, diáconos, Evangelistas, Catequistas, Diaconisas e grupos corais seleccionados que o acompanharam cantando até a Missão da Palestina onde dedicou-se a viagem e posteriormente o alojamento.

Durante a sua estadia na cidade de Luanda, desenvolveu várias actividades que foram desde o encontro mantido com a Directora Nacional para os assuntos religiosos do Ministério da Cultura, realização de cultos e visitas na Missão da Vida Nova ao centro de água viva, tendo proferido alguns discursos dos quais extraímos algumas passagens: no culto noturno de quarta-feira dia 18 de Março de 1998, numa das suas passagens o Rev. Overseer Samuel Moisés Hutamo, disse; a força de amor é de expulsar os espíritos malignos. Há! Agora, vejo que afinal os pastores é que querem destruir a congregação porque querem pastos maiores. Nós não queremos que um passe em cima do outro. Eu gosto de me guardar como criança, pai e como mãe.

Estou preparado para passar em toda África para ver que a nossa igreja está unida. Quero esperar o que à de vir quando os anjos vão abrir o livro e verificar se os nossos nomes lá estão escritos, aquele dia é o mais importante. Agradeço a mesa por me ter dado a palavra, de dar os meus cumprimentos e no final, cantou-se o Hino em Umbundo número 32 e fechou com uma oração.

No dia 19 de Março de 1998, a actividade do Overseer foi mais dedicada aos trabalhos internos, enquanto no dia 20-3-98 sexta-feira, o Revendo visitou a sede da Missão de Vida Nova e o centro da Água Viva, onde proferiu algumas palavras importantes. No culto ecuménico realizado na Missão da Palestina no mesmo dia 20 de Março sexta-feira a tarde, o

Duas áreas protocolares estavam preparadas nas sedes da Missão da Betânia e de São José, mas pela decisão do protocolo do Governo a visita acabou por ser Hospedada no São José.

Depois da dedicação da viagem, deu-se a palavra ao visitante que começou por dizer: Querido Presidente da mesa, Senhores Pastores, Papais e Mamães saudemo-nos em nome do Senhor Jesus Cristo.

É uma grande alegria estar aqui convosco, é a primeira visita que fizemos aqui e sinto-me feliz por ver tanta congregação e os coros que cantaram a unidade. Nós não podemos pedir a unidade temos que saber onde sair, o corpo tem muitas coisas, as vezes gostam este lado, outro lado não e Deus não respeita os direitos humanos.

A partir de hoje dia 21-03-1998, compreendem que haja uma unidade, esta Igreja iniciou na Inglaterra e pela bênção do Senhor no ano passado estive lá e o Rev. **Duncan Lee** falou muito de Angola. Durante esta noite que vai aproximar, eu verei que uma luz vai dizer uma coisa, nós, temos que amar esta igreja, porque sem a cruz nós não somos nada, ou vamos amar agora a Igreja ou vamos deixa-la em paz, porque quem não quer unidade deve desassociar-se dos que favorecem a união, se você hoje é apóstolo é porque é uma grande bênção.

Peço aos anjos que me indiquem o que vou dizer; e quem ouvir fica e quem não quer deve ausentar-se, deixando a Igreja em Paz. Nós não viemos para amar uma parte e outra não, estou certo que quando um dia eu voltar em Angola, não será mais para resolver questões mas sim para ensinar e explicar a doutrina... Continuando, falou da História de quem é o maior no reino de Deus e deu o capítulo de 1º coríntio 12:1, e continuou dizendo: Iremos com a força do Senhor e a nossa vinda será um sinal de bênção no vosso país, e de seguida questionou dizendo; nesta noite faremos uma nova estrutura ou amanhã o que será a nossa conversa? Respondendo disse: será apenas a do senhor não mais de unidade. Olhando de lado, viu os jornalistas e perguntou se vocês convidaram- nos e quando isto acontece devem explicar o vosso comportamento quando ficam na igreja porque todas senhoras devem utilizar lenços. Eu amo muito esta Igreja replicou.

Não há maior nesta igreja disse no final da sua intervenção. Depois do almoço a delegação partiu em visita a missão da Betânia na Chiva, onde o Rev. **Hutamo** proferiu algumas palavras começando por dizer: Tudo aquilo que queremos fazer é de Jesus. Esta Igreja não só é abençoada pelo senhor, mas também é amada pelo Governo. Recordo uma vez no Zimbabwe, o senhor Presidente foi na nossa Igreja, e de seguida disse; se a congregação concorda com a união levantem todos as mãos, todos levantarão as mãos.

Durante esta noite e até amanhã, Deus irá nos mostrar o caminho que iremos seguir. Nós podemos lutar neste mundo mas nos céus não.

Necessito de um encontro rápido com os pastores aqui na Missão da Betânia e o que digo é o que ficará. A partir deste momento Angola será contemplada na paz. Se nós todos em Angola amarmos a Deus, teremos tudo, como comida e trabalho e terão bom Governo. Não deixei a África do Sul pra vir fazer brincadeiras aqui em Angola, o meu coração está dentro da Juventude, vocês serão o tesouro em minha parte. É tão bonito amar a Deus. Na reunião que teremos a noite com os pastores e outros dirigentes, as esposas deverão estar presentes, a experiência e a obediência são grandes professores, e de seguida terminou.

A reunião com todos os pastores e outros dirigentes com a participação das esposas, teve início as 20horas cantando o hino nº125 em Umbundo.

Ao iniciar, o Rev. **Hutamo**, pediu que aos Pastores que ficassem em pé com as suas esposas para confirmar os que vieram na reunião e agradeceu a todos por estarem com ele na reunião.

Continuou dizendo; nós estivemos um tempo a pensar o que é que seria em Angola, várias delegações vinham cá em Angola para resolver os vossos problemas, recordo-me também que tive um encontro com uma Delegação em Catima Mulilo na Namíbia, a qual ficou recomendada para que se unissem, mais tarde recebi uma carta que agora estamos unidos, depois recebi a outra em pouco tempo que dizia que estamos outra vez separados, e isto trouxe uma preocupação a nós. Jesus veio na minha consciência e pôs-me no seu caminho para resolver o assunto. Agora quando tomarmos esta posição, não haverá mais outra. Eu não tenho a importância de ver onde tem mais gente ou uma boa construção, aqui em Angola tem sorte porque tem muitos Apóstolos e Pastores.

Um diz que eu é que trouxe a palavra e outro diz que eu sou mais velho na convertência e isto trás muita confusão. Quando estive em Luanda, vi que há Pastores que gostam desta Fé. Não se deve escolher Pastores amigos ou famílias, têm que ser escolhidos aqueles que defendem a união e que levam a palavra conforme de ser, como na Missão da Vida Nova, vimos que o Pastor Katumbela gosta desta Fé e na parte da Palestina apareceu um Diácono. Desta vez vai se escolher um coordenador e o seu adjunto, um secretário e o seu adjunto e um tesoureiro com o seu adjunto, e quem não aceitar seguir será melhor deixar esta Igreja, porque ninguém pode dizer que não quer trabalhar com este ou com aquele.

As pessoas espertas são os primeiros a indicar os dedos aos outros. Não pensam que o facto de eu estar na África do Sul me faz estar isento disto, apelo o comité de dois elementos; "têm que trabalhar com força" e no fim perguntou se todas as pessoas estão a compreender o que estou a dizer? E os participantes responderam "Sim". Não quero mais receber carta de uma pessoa, mais de dez pessoas. Devem saber que o nosso desejo é fazer uma Angola só, as pessoas devem ter o cuidado de acompanhar os actos da igreja e não dizer que eu já fiz muito porque converti muito tempo até porque o mais importante é que cada um deve se sentir honroso por ser membro dessa igreja e não fazer confusões. Dos que fazem confusão, um deles sairá fora de nós porque não podemos perder a força por causa de uma pessoa. Eu vos digo que não há mais importante do que esta igreja. Terminou e seguiu-se o processo eleitoral.

O critério da eleição foi de cinco membros em cada lado incluindo os dois primeiros dirigentes totalizando dez membro.
Para a província de Luanda, o primeiro a ser eleito foi o Rev. **Amós João Kavaleca** que foi automaticamente negado pela diaconisa **Salomé Chipalavela** e pelo pastor **Agostinho Kanjangela** do centro do Cuando Cubango, que o acusaram de ser um homem polígamo pois deixara a sua primeira mulher, o segundo foi o Rev. **Miguel Cassule** que recebeu a maior parte dos votos, tento substituindo o lugar do primeiro.
Para o segundo foi escolhido o Rev. **Isaac Saluiva**. Para o Huambo Missão de São José, foi indicado como primeiro o Rev. **Florindo Liwema**

que duma maneira geral, sofreu rejeição de alguns Delegados à reunião, mais devido o reforço da Diaconisa **Elvira Balú** chegou a ser eleito no último caso.

No lado da Betânia durante o período de eleição não houve muita rejeição a não ser os reparos que foram dirigidos seriamente ao antigo Dirigente da ala, o Rev. **Martins Bimba**, tal igual o que foi feito ao Rev. **Henriques Kapingana**.

No final a comissão executiva ficou constituída pelos seguintes membros:
1. Rev. **Alberto Segunda** - Coordenador
2. Rev. **Miguel Kassule** – Vice Coordenador
3. Rev. **Florindo Liwema** - Secretário
4. Rev. **Anastácio Vale Katumbela** – Vice-secretário
5. Rev. **Antunes Kapapelo** - Tesoureiro
6. Rev. **João Bongue** – Vice Tesoureiro
7. Rev. **Isaac Saluiva** - Membro
8. Rev. **José Domingos** - Membro
9. Rev. **Henriques Kapingana** - Membro
10. Rev. **Martins Bimba** – Membro

No fim da eleição dos membros da comissão, o Rev. **Hutamo** perguntou aos participantes, dizendo: Meus irmãos, papás e mamás, foi do vosso interesse a escolha deste grupo? Respondendo, todos disseram que "Sim". Mas depois de um silêncio as Diaconisas da Missão da Betânia começaram a reclamar dizendo; sem o papá **Silva Lopes**, esta comissão vai desunir e de repente o Rev. **Hutamo** perguntou; o quê que se passava? e elas responderam dizendo; "queremos que o papa **Silva Lopes Etiambulo** faça parte desta comissão, e o Rev. **Hutamo** respondendo disse; bom já escolhemos os 10, mas pelo vosso pedido ele ficará como Suplente, amém.

Em relação ao Rev. **Amós Kavaleca**, de facto se ele fez assim, deixa de ser pastor e fica fora desta igreja. Mas tem que levar todo tempo a reunir, se uma coisa querer vos enganar eu vou vos avisar. Nós o que queremos é que a igreja seja só uma.

Vocês não foram só escolhidos pelos participantes à esta reunião, mas Deus é que vos escolheu. Peço a todos Pastores para seguirem e cumprirem com as orientações desta comissão. Quanto ao Rev. **Feliciano Sambundile**, devido aos seus problemas ele não deve ser membro desta igreja nem ser pastor, rematou o Rev. **Samuel Hutamo**. Há... É tão bonito amar a Deus, replicou na sua intervenção o Rev. Hutamo, dizendo também que a experiência e a obediência são grandes professores.

O Coordenador é que vai tratar tudo junto do seu adjunto, são os cabeçarios da comissão, não deve haver mais os conselheiros que desviem, façam um grande favor de apoia-los. Todos devem orar, os problemas todos que atravessam na igreja foram ultrapassados.

O coordenador, nunca deverá ser chamado de **Overseer**, um dia virá a dedicação do Overseer, podendo ser mesmo no ano **2000** ou mais e não se sabe quem será, vamos todos em conjunto ajudar esta comissão. Hoje terminamos com o nome Overseer, aqui o número dos membros da comissão pode crescer até 20 mil, mas eu só conto com dez. Nós não podemos separar os grupos de Luanda e do Huambo, têm que estar unidos, nós podemos acrescentar, mas não podemos deixar separar devido os sentimentos carnais porque nós somos controlados por Deus, terminou com a reunião as 23 horas do dia 21-03-1998.

CULTO ECUMÉNICO.

O culto de domingo que foi ecuménico realizou-se na missão da Chiva sob a orientação do Overseer **Samuel Hutamo**, culto que foi assistido pelo delegado provincial da cultura, que na sua intervenção agradeceu a vinda da Delegação Internacional e sentiu-se honrado por a sede da IFA estar no Huambo. Com paz e amor iremos atingir o objectivo de entrar nos céus, disse o delegado durante a sua intervenção, tendo continuando a dizer que façam da IFA uma mesa onde todos vão encontrar Cristo e será o próprio dirigente para que este grupo contribua para a paz neste país concluiu.

O Overseer **Hutamo** na sua intervenção, desejou paz a todos e disse que a IFA é igreja de amor, dando de imediato a palavra ao Rev. **Benjamim Zulu**, que disse: todas as mensagens que estão a ser deixadas para vocês, deve ser guardada nos vossos corações porque só dessa forma verão Jesus, terminou passando outra vez a palavra ao Overseer Hutamo, que recomendou ler Actos dos Apóstolos 4:32 à 37, tendo empossado a comissão eleita a qual aconselhou bastante para assegurar a igreja durante um tempo.

Palavras iguais as da noite de eleições foram ainda proferidas para fortificar o que foi dito. No momento que o Overseer **Hutamo** estava a pregar, vinha uma grande chuva e toda a congregação ficou preocupada como o cobrir com o guarda-chuva, mas ele disse; deixa ela cair, tendo de repente parado de chover. O culto terminou com grande satisfação, num dia em que participaram no mesmo mais de três mil crentes para além de assistentes.

CULTO NOCTURNO - 23-03-1998

Na abertura cantou-se a canção 358 em umbundo e depois da dedicação deu-se a palavra ao Coordenador eleito que por sua vez agradeceu bastante por lhe terem dado a palavra, e continuou dizendo; esta é a altura de estarmos todos firmes no Senhor, porque somos nascidos de novo e agora eu sinto-me tão tranquilo porque não estou a falar mais como da Betânia, mas sim como da IFA. No fim, falou um pouco do rei Salomão quando substituiu o seu pai no poder. Peço aos irmãos que devem ganhar confiança em mim e como não nasci numa família de mandatários, não gosto de me elevar tanto. O que queremos é mostrar ser mais simples, e que a graça do Senhor habite em todos nós, terminou.

As demais intervenções não foram tão diferentes das que já atrás destacamos,pelo que o culto da noite, terminou com a canção em português número 78.

O Rev. **Samuel Moisés Hutamo**, permaneceu na cidade do Huambo até dia no 25-03-1998, por falta de transporte (Voo). Regressando a Luanda, também não conseguiu embarcar para "JOANESBURGO" **África do Sul**, conforme o previsto, tendo regressado apenas no dia 27-03-1998.

Durante a sua estadia em Luanda depois do regresso do Huambo, orientou um culto nocturno no centro de Pérgamo, onde voltou a falar o que havia dito na cidade do Huambo.

Único: Neste relato notamos que há questões que não foram referenciadas por motivos alheios a vontade do redactor, agradece-se a compreensão de todos leitores e ficamos na esperança de que outros escritores o farão.

O comité ora formado, funcionou muito bem até Setembro de **2002** data em que foi consagrado o então coordenador para **supervisor chefe em Angola**. Depois da sua consagração, o então supervisor começou a desprezar o comité e a tomar decisões unilaterais, e esta situação continuou até **2005** altura em que se realizou uma conferência com a participação de todos pastores provinciais, cujas conclusões saídas na mesma conferência, eram para normalizar a situação e evitar crises que não foram ratificadas pelo mesmo.

Em **2006** abandona os escritórios da sede da igreja em São José e inicia a funcionar numa casa por ele construída no bairro sob urbano (Santa-Elias) Huambo, sem o conhecimento da maioria parte do comité e inicia os trabalhos com uma parte da Ala (Betânia), onde converteu. A partir daquela data, começa as acções subversivas e desonestas ainda mais graves tais como; ordenações anárquicas da construção de um templo próximo do já existente, ordenação do derrube do outro outrora pertencente a liderança do Rev. **Henriques Capigana**, ao exemplo do Município do Andulo e nomeações e consagrações anárquicas de membros da igreja.

Esta situação continuou até Maio de **2008** altura que se realizou a conferência, onde não foi "admitido" a minha participação embora eu sendo facilitador de todo processo que levou a unificação da igreja em Angola, alegando que ele iria travar os trabalhos da dita conferência. A mesma, traçou a nova separação total e porque tinha consigo os pastores **Tiago Ernesto**, **Francisco Gouveia** e **Oliveira Bolongongo** que deixaram a Missão da Palestina onde converteram para a da Vida Nova, e estes tratavam-nos como sendo os do lado errado pois o real era daquele que abandonou a sede Nacional da Igreja devidamente registada no Governo Angolano. No final desta mesma conferência, constitui um novo comité composto por membros do seu grupo revogando o comité constituído pelo então Rev. **Samuel** Moisés Hutamo. Em Abril de **2009**, o Supervisor da igreja em África que substitui o falecido **Samuel Moisés Hutamo**, o senhor Rev. **Oseias Calundu** e sua delegação tiveram em Angola e analisaram detalhadamente a situação da igreja tendo decidido regressar e depois de uma análise conjunta com todos membros do comité da igreja em África iriam enviar a decisão que o comité vier a tomar.

Para o efeito, em agosto 2009 o Rev. **Abraão Mabuta** supervisor da sub-região Norte da África Austral, visita Angola, trazendo a resposta da decisão do comité internacional da igreja que culminou com a abolição do novo comité formado pelo Rev. **Alberto Segunda** em Maio de 2008 a margem do oficial, e no final da sua visita consagrou o Rev. **Henriques Capingana** como adjunto do Supervisor, tendo o deixado o ofício original que reportava o trabalho por ele efectuado já que o Rev. Alberto Sengunda não compareceu no acto.

Capítulo IX
AS RESOLUÇÕES DE kASSANI E O PÂNICO NA IGREJA EM ANGOLA.

Em Setembro de **2010** partimos para **Botswana** em Kassani, onde fizemos encontro com o líder mundial da Fé Apostólica Rev. **Duncan Lee**, e postos na reunião a ordem de trabalho era (resolução do problema de Angola). O Líder começou por perguntar ao grupo do Pastor **Alberto Segunda** o que se passava e se de facto tem estado a gastar o dinheiro da Igreja, pois nós tomamos o conhecimento de que Angola existe **45.000** membros e cada um contribui com 3 dólares anos e este dinheiro nunca chegou uma parte a Sede Internacional, isto é, verdade ou mentira? O grupo respondeu explicando o que foi feito na movimentação deste dinheiro e mais tarde passou a palavra ao grupo do Rev. **Henriques Capingana** que por sua vez o Pastor **Jonatão** Kakemba respondeu simplesmente em Inglês "I don´t know" que em português significa "eu não sei", e o Pastor **Antunes Kapapelo** confirmou tudo que foi dito pelo pastor Segunda dando a entender que não gastou nenhum dinheiro pois ele tem o controlo de toda movimentação monetária única.

No final o líder mundial virou para o Rev. **Henriques Kapingana** e perguntou-lhe, *"Podes você dirigir toda Igreja em Angola, ou seja, as duas partes?* Ele respondeu **"Não"**, porque a minha congregação vai me falar e o Pai Njali também. E de repente o líder virou para o pastor **Alberto Segunda**, perguntando; *" tu consegue?"* E ele respondeu chorando; *" tudo que os mais velhos me atribuírem eu cumprirei".* Tomando a palavra o líder disse; fica você como líder da igreja em Angola e o Pastor **Kapingana** como seu adjunto tal igual conforme o Pastor **Mabuta** já tinha decidido, e deu por finda a reunião com uma oração.

Quando saímos da reunião e sabendo que os nossos líderes negaram dirigir a Igreja junto o seu Secretário-geral, então todos revoltamos com eles dizendo nos fizeram envergonhar, agora voltam a pé ou aluguem os vossos carros. A verdade deve ser dita, foi a partir dali que o pastor **Kapingana** começou a ter hipertensão alta e chegando no Huambo mandou chamar de Luanda o Mestre **David Jorge** para com ele unir as duas partes, e foi neste encontro que o Pai NJali o designou como Rev. Nacional e o **Silva Lopes** como Delegado Nacional, facto que criou um pânico no seio dos demais pastores, muito mais o pastor **António Balú** que chegou mesmo a maltratar o Pastor **Kapingana** e escorraçar o Pai Njali para voltar rapidamente a Luanda, e os Jovens resolveram retomar a liderança da igreja pois viram que os velhos estavam descontrolados.

A partir daquela data o pastor **Kapingana** entra em estado de convalescença e os jovens reorganizam a igreja, promovendo também as mamás à realizarem em Benguela a sua conferência, e os pastores participaram na mesma e a lista de presença é aproveitada pelo pastor **António Balú,** mandando a mesma a Inglaterra com uma informação de que o presbitério Supremo em Angola elegeu o jovem **Samuel Paquissi Pacheco** como supervisor por parte do grupo de Emanuel.

Como tudo que sai num país a sede internacional não nega, automaticamente nomearam o então corista-diácono **Samuel Pacheco** como **Supervisor da IFA em Angola**, e isto trouxe a fúria a muitos pois uns diziam que foi obra do **Silva Lopes** e outros diziam que **Samuel** assaltou a Igreja, dizendo também que ele era um corista e que não podia ser Supervisor, esses comentários ganharam mais relevância nos nossos irmãos do grupo da Betânia.

Aparece na cena um Senhor pastor **Blair Crawford** vindo da Inglaterra, que em **2011** chegou a consagrar dois supervisores para Angola para que cada um dirigisse uma parte, mas não surtiu efeito e ocorreu muitas viagens e reuniões até que o inglês demitiu-se destas actividades em Maio de **2014**, deixando a sorte a Igreja em Angola.

Por tudo que acompanhei devido a movimentação que o grupo da Betânia estava fazendo contra o grupo de Emanuel sob a liderança do Rev. **Paquissi**, o Ministério da Justiça criou todas as condições pediu um emissário da Inglaterra para vir em Angola confirmar a nomeação do Supervisor **Paquissi** e isto foi feito, mas os irmãos da Betânia ainda andavam mais contra o Governo, e chegando a semana de Pentecostes o Governo deu fim ao assunto dando a razão ao grupo de Emanuel, o Senhor seja Louvado, amem.

Para mim, acho que tudo o que é de Deus não se luta, anda-se devagar e não se deve ter pressa e o poder de dirigir uma igreja provem de Deus Ele é que dá o dom, amem.

Capítulo X
PALAVRAS DE SUA EMINÊNCIA INTERNACIONAL CHEFE OVERSEER DUNCAN LEE QUE TRANSMITIU AO APÓSTOLO SILVA LOPES A QUANDO DA SUA DESPEDIDA NO FINAL DE MAIS UMA VISITA A SEDE INTERNACIONAL DA IGREJA EM AGOSTO DE 2009.

CONCEITOS DOUTRINAIS DA IFA.
CONFISSÃO.

Na igreja da Fé Apostólica a confissão é feita da seguinte maneira: o membro quando peca deve confessar perante o sacerdote e após a confissão ao sacerdote deve proceder a sua confissão diante da congregação dizendo que pecou contra Deus e diante da congregação, pois pode suceder que sua transgressão também foi apercebida pela congregação. Depois disso, deve ser posto no portão até um determinado tempo. O arrependimento de todo membro da igreja deve ser verdadeiro diante de Deus e perante a congregação do senhor.

PROFECIA.

Na congregação dos apóstolos deve haver profetas, pois estes recebem revelações e mensagens divinas. Quando recebem-nas, devem revelar aos pastores ou sacerdotes responsáveis das localidades e os responsáveis por sua vez transmitem a congregação. O profeta não tem autoridade de transmitir ou revelar mensagens divinas na congregação, mas sim é o dever dos pastores ou responsáveis locais. Para tal, o profeta quando recebe algo divino deve revelar ao responsável local, porque não fica bom o profeta transmitir algo ao povo de Deus cuja revelação não encontre lugar ou consenso no responsável ou pastor.

O profeta deve estar sujeito ao pastor ou responsável local, porque primeiro está o pastor e segundo o profeta. Por isso toda revelação ou mensagem divina recebida deve ser explicada a congregação; porem só o pastor é que tem a autoridade de falar para a congregação.

DIVÓRCIO.

Na igreja da Fé Apostólica não existe e nunca existirá divórcio. Um homem quando casa com uma mulher está apegado a ela para sempre. "Minha mulher se vai fora pecar com o outro homem cometendo adultero, não obstante ela continua minha mulher-esposa. Não existe divórcio pois estou apegado a ela. Isto quer dizer que não estou autorizado a divorciar-me dela nem sequer casar outra mulher. Se ela resolver voltar e arrepender-se verdadeiramente e profundamente, devo conceder perdão e viver novamente com ela. Pois minha esposa é minha esposa, não importa seus actos continua sendo minha esposa.

Se suceder que ela case com outra pessoa ou viver com outra, mesmo assim não me dá autoridade de casar, devo ficar só porque ela continua sendo minha mulher segundo o compromisso diante de Deus e se eu casar outra cometo adúltero.

O casamento é para toda vida, enquanto vivemos estamos amarrados numa corrente cuja libertação é a morte. Repito "na igreja da Fé Apostólica não existe divórcio. Os pastores não têm autoridade de separar casais. Romanos: 7:2, todo aquele que comete adúltero deve ser expulso da igreja e se ele arrepender-se deve ser recebido.

ORGANIGRAMA OU ADMINISTRAÇÃO DA IGREJA.

A composição da direcção da igreja é composta por um Overseer internacional, um deputy ou adjunto, um secretário e seu adjunto e um tesoureiro. Nos países deve haver Overseer nacional e seu adjunto para lhe substituir no caso de doenças, incapacidade ou morte. Um secretário e seu adjunto, um tesoureiro e adjunto. Também deve haver Overseer provinciais e seus adjuntos e secretários.

DEVERES DOS OVERSEER É DE VELAR PELA VIDA ESPIRITUAL DOS CRENTES, GUIAR AS ALMAS DO SENHOR.

O dever do secretário é simplesmente administrativo ou seja, é o homem que administra a igreja juntamente com o tesoureiro nas questões financeiras e património da igreja. Não tem nada a ver com o guiar ou velar pelas vidas espirituais dos crentes. Haverá uma conferência Internacional da Igreja que será o centésimo (100 anos) aniversário da igreja a ter lugar na Inglaterra em Agosto de **2008**. Participarão pastores de Canada, índia, América, Angola, Botswana, África do Sul, Namíbia, etc. E outros que estiverem possibilidades de participar. O dia da igreja da Fé Apostólica é o dia **5** Novembro de **1908** quando foi aberto oficialmente pelo **Rev. William Oliver Hutchinson.**

A Igreja da Fé Apostólica é directa não tendo saliências, por isso em África é directa, América é directa, Inglaterra é directa etc. Não te esqueças disso:" não existe divórcio na igreja Fé Apostólica, se o homem deixar a mulher ou vice-e-versa não deve novamente casar-se, amem. Orientações dadas pelo chefe da Igreja no Mundo a mim na qualidade de visitante a sede Internacional.

Hino nº 4 hinário Apostólico.
Conforme o costume e hábitos dos crentes Apostólico e é o mesmo que o mestre David Jorge nos ensinou; no acto da despedida todos Membros do Presbitério Supremo vieram na Igreja dedicando a minha

viagem de regresso e durante a cerimónia; cantou-se e todos ajoelhamos para orar e no final de um silêncio ouvia-se língua na **Profetisa Lee** e como o toktop estava ligado capitou as vozes que foi possível traduzir em português pois mais tarde ela falava em Inglês para ver o entendimento conforme se seguem:

ALGUMAS PALAVRAS PROFÉTICAS DIRECCIONADAS A MIM.

É, assim; este é o meu povo que reúne contigo no meio desta manhã, e as bênçãos, caem em abundância a todos que se aproximam desta maneira em mim pois abri uma porta, diz o senhor e é para vocês andarem na porta da liberdade. Não teria desviado meu plano de maneira nenhuma, diz o senhor porem esta porta que eu abri jamais se fechará na minha presença, mas irei espalhar se for preciso. Não permitas ficar com qualquer coisa que não é unção do meu templo.

Entretanto descanse meu povo pois o meu julgamento poderá ser severo diz o senhor. Também quero abençoar deste modo, peço-vos que venham humildemente diante do meu trono, esperando estar cheios e atraídos no poder que tem sido libertador; não fechando-o, mas sim abrir a porta cada vês mais.

Trarei ao meu povo escolhido enchimento do poder do espírito santo.

Entretanto, vá em paz meu servo e regozija-se na tua caminhada, pois há muitas bênçãos que serão concedido a ti e ao meu povo, porque serão realmente meus embaixadores, em toda a terra.

Há um grande plano por desenvolver na África, diz o senhor, porque chamam-me frequentemente e eu me virarei dos seus clamores estou respondendo-os já agora pois assim esta é a palavra do Senhor para ti nesta manha. Amem. *Bournemouth, 5 de Junho de 2005.*

Depois da oração terminar acompanharam-me ao Aeroporto e apanhei o vou directamente a Lisboa e depois para Setúbal onde vivia o Bispo **Afonso Eduardo**, meu primo e num encontro com os membros do Centro Cristão Cruz e Restauração no Domingo dia 12.06.2005 e de repente a Pastora começou a falar línguas e depois começou a escrever, quanto terminou o culto fomos para o almoço e ela entro no quarto ficou ali um tempo, quanto saiu me entregou um papel onde estava escrito estas palavras:

Pastora Elizabeth Eduardo fala uma palavra da parte de Deus para ao Servo **Etiambulo:** "Isaías 11. *Porque não é por acaso que estar aqui num tempo tal como este. Deus o levantou para um tempo tal como este. E Ele vai abrir mais portas para si, que nenhum homem ou demónio pode fechar.*

Mas ele envia perante a ti e diz: "Permanece com coração para as nações, como ir a autoridades governamentais e falar em colocar Deus em primeiro lugar." Ele está a dizer-lhe: "Que o Seu Espírito repousa sobre ti, e Ele deu-te o espírito de sabedoria e entendimento, deu-te o espírito de deleitar-se no temor do Senhor. As pessoas irão ver a integridade de Deus sobre si, porque o Seu "sim" é sim e o seu "não" é não, e você conhece as promessas de Deus - São sim e amém.

Então está seguro daquilo que Deus o chamou para fazer, e não vai julgar por aquilo que ouve com os seus ouvidos. Mas Deus levantou-o para ser como uma árvore plantada à beira de um rio de águas e vai dar fruto, não só para a sua vida pessoal, não só para a igreja a que pertence, mas também para a nação de Angola, mas não somente para a nação de Angola, mas para todo o Continente Africano. Deus vai usá-lo para desenraizar a corrupção e para estabelecer a ordem de Deus, porque ele deu-lhe a sua sabedoria e a sua vida não pode ser tirada até ao tempo oportuno que Deus ordenou. Quando partires para ires à casa estar com o Senhor, vai ser a ordem de Deus.

O inimigo pode enviar pessoas contra si, mas não serão capazes de atingi-lo, porque você caminha em humilde e ele pôs o seu manto sobre si para escondê-lo e para protege-lo e Ele está a dizer para entrar mais na sua palavra, mais na sua presença, você o conhece intimamente e chamou-lhe Deus, seu amigo e é verdade, continue e ele mostrará visões, ele te dará sonhos que vai ter que falar nos palácios para os governadores, terá que falar para os presidentes, porque ele abriu esta porta para si, para que você possa levar o seu nome, para que você possa levantar a sua bandeira sobre aquelas portas que ele lhe abriu.

Mas toda a porta que Deus não abriu, mesmo que tente abrir esta porta, você pergunte a Deus se: "Está fechado por causa de ti ou terei de tomar autoridade sobre o inimigo?", E Deus vai mostrar-lhe, porque você não tem tempo a desperdiçar sobre aquelas nações que não querem de

Deus, mas ele deu-lhe tal sabedoria que é mas afiada que o diamante e é mais doce que o mel e muitas pessoas vão ser atraídas a isso, pois não vão vê-lo a si, eles vão ver Deus em si e vão ver que você é diferente. Você nasceu para um tempo tal como este, mesmo a inabilidade que possa ter, Deus vai abençoá-lo com um melhor braço e uma perna melhor, para que possa funcionar como o seu embaixador, você não está em baixo, mas está elevado, porque Deus levantou-o. Continue a ser humildade e Ele o levará mais alto e mais alto, mas nunca, nunca, nunca se esqueça dos seus inícios, nunca se esqueça de Deus. Esta é a palavra que Deus tem para si, para um momento como este. Amém.

Em **2009**, quatro anos depois voltei a Inglaterra na Sede Internacional para mais uma visita no dia do regresso veio a seguinte mensagem profética.

PALAVRA PROFÉTICA.

Meu espírito está muito próximo de ti esta noite, e jubilo estar na sua presença. Ouvi as suas petições e vou atende-lo de acordo a minha perfeita vontade. Haverá grande júbilo no meu tribunal; e agora há muito júbilo pois meu Espírito uniu-se ao vosso, diz o Senhor" Chamo-te para vires no mais alto plano do entendimento de que Eu estou presente e reino para sempre na casa de meu Pai, onde tenho preparado muitas moradas. Não é apenas uma, mas muitas moradas que eu preparei, e no tempo certo chamar-te-ei junto de mim, mas ainda há trabalho para tu cumprir meu Povo.

Preciso a sua Fé na terra neste momento, pois as armas de Guerra se vão tornar em armas de paz, e haverá abundância de alimento na terra. O qual está agora definido a causar muita dor e decepção. Estou em processo a destruir e não causará mais dores outra vez na terra. Dizimei esta maligna besta que levantou-se para enfrentar todos os meus Santos, mas digo-te que tenho te dado vitória; pois como poderoso do precioso sangue do Cordeiro, Satanás e seus demónios não podem estar na sua presença nem na minha, diz o Senhor pois o sangue destrói aquilo que é mau; sim o sangue põe demónios atormentados e impotentes.

Lembra-te disto sempre que estiveres nos seus deveres diários bem como viajas aqui e acolá, que o poder do sangue inutiliza todos *demónios e que não conseguem operar o mal que pretendem; pois todos serão expulsos todos a desgraça, e de maneira que os observas a levantarem-se poderá comanda-los a irem a desgraça de modos que não regressem ao seu trabalho ou operar o mal nos corações dos homens, pois é onde funcionam.*

Tenho te dito que a mente é o campo de batalha; entretanto reveste-te da mente de Cristo, a qual vai conservar-te até o fim dos dias. Toco-te agora diz o Senhor, com uma bênção perpétua e vai permanecer até ao fim pois determinei o que vai ser destruído o qual já se tornou destrutível. Esta é a minha Vitória que te dou ó meu pequeno rebanho no qual me regozijo."

Bournemouth, Agosto 2009

Momento em que o Líder Mundial, mostrava-me a árvore da vida desenhada na parede do templo da Igreja em Bournemouth-Inglaterra em Agosto de 2009, durante a minha visita.

ENSINAMENTO.

Foi trazido a nossa atenção pelos membros mais jovens da Igreja da Fé Apostólica em África de que há necessidades do ensinamento do fundamento, e com isso na mente publicaremos artigos que vão de encontro a essas necessidades.

QUEM É O VERBO.

"Mas, a todos quantos o receberam, deu-lhes o poder de serem feitos filhos de Deus, a saber, aos que crêem no seu nome; os quais não nasceram do sangue, nem da vontade da carne, nem da vontade do homem, mas de Deus." (João 1:12 e 13). O nosso Senhor Jesus Cristo, na sua revelação entre os homens, é apresentado em diferentes maneiras por cada dos quatro narradores dos Evangelhos; sem dúvida no interior da visão de cada. Seus registros não são igualmente desfrutados por muitos leitores dos evangelhos. Alguns preferem um particular escritor porque a sua visão e ensinamentos expressam mais aquilo que o leitor pensa que devia ser.Todavia todos eles escrevem do mesmo Salvador e da mesma vida.

Isto não deve ser de modo nenhum tomado como sugestão de que houvesse divisão nas suas mentes acerca de Jesus ao ponto de enfraquecer o seu testemunho, pelo contrário, ele revela o espírito da vida abundante, a maravilhosa variedade de caminhos dos quais o Espírito Santo a tornará a mensagem vivificante Dele que é a Palavra ou verbo de Deus.

Mateus, o impostor do governo, instruido na exacta personagem, dá a linhagem e exacto detalhe do seu nascimento, e de como a criança foi salva das matanças. Marco, em poucas palavras acerca de João Baptista, apresenta o amado filho de Deus como sendo o escolhido, e a chamada dos seus discípulos, e prosseguindo expulsar espírito imundo e curar doentes. A apresentação de Lucas é por via de Zacarias e Isabel, o nascimento de João e a visita do anjo Gabriel com certas revelações de uma personalidade ou mais carácter privado. João passando todos esses humanos e naturezas caracteristicas. Ele está totalmente relacionado com o Divino; a revelação do filho unigénito e o propósito desta revelação. João sozinho faz um pronunciamento excepcional: - *"No princípio era o Verbo, e o Verbo estava com Deus, e o Verbo era Deus. Ele estava no princípio com Deus. Todas as coisas foram feitas por intermédio dele, e, sem ele, nada do que foi feito se fez. A vida estava nele e a vida era a luz dos homens O Verbo estava no mundo, o mundo foi feito por intermédio dele, mas o mundo não o conheceu"* (João 1: 1-4 e 10).Nestas pequenas palavras fomos apresentados a aquele que é o

Verbo. E a revelação deste Verbo procedeu do Pai e foi manifestado até nós nestes últimos dias. Isto foi no ano 30 d.C. e 66 anos depois que o mesmo Apostolo num encarceramento solitário e ultimo dos doze, ainda registrou sua visão do mesmo Verbo; sua Fé e Visão nunca mudou. (Apoc.19:11-16).

Ele continua ser a mesma luz, Jesus não vive mais fisicamente entre os homens mas é reconhecido como fiel e verdadeiro num cavalo branco, com muitas coroas e um nome escrito o qual nenhum homem já conheceu mas somente ele, sua vestidura sapicado com o sangue; seu nome chama-se Verbo de Deus. Ainda sua obra entre as nações; tem nome escrito nas suas vestiduras e coxa que é REI DOS REIS E SENHOR DOS SENHORES. É bom ter tempo de cautelosamente meditar no fundo e profunda revelação circundante a ele, o EU SOU que está sendo revelado para nós atraves da operaçáo do espirito no corpo de Cristo. Grandes coisas devem ser alcançadas no mundo de hoje pelo qual grande Fé é necessária. Outras, sem dúvidas seremos chamados como seus vasos para trazer muitas coisas, mas é atravez do Verbo que é a chave que a porta é aberta e este Verbo deve ser expresso e deve haver esta grande Fé para expressa-la.

Este maravilhoso mistério não é dado a todos, no entanto não vamos ficar desencorajados se nós as vezes sentimos que as nossas crenças vedaram-nos dos nossos irmãos quando em primordio fomos incitado pelo espirito a pretender o baptismo e falar em Inguas, nem pela maravilhosa força e luz que esta palavra ou verbo da profecia tem sido.

O escritor deste artigo em "Visões" fasciculo volume 10 n° 59, bem lembra um oficial num trabalho influente dizendo a ele, "Mas certamente não insita que Deus fala para ti atravez de homens e mulheres (referindo-se do dom de profecia), porque isso seria blasfemia!". É sim, ó imbecil e baixo de coração para entender a palavra de Deus. O seguinte foi citado uma vez na Rádio: -"da ascensão, o falecido Arcebispo **William** Templo escreveu, "o Deus tomou Jesus a Ele, onde Ele, Deus, é; isto é, em todo lugar, e a sua presença está em todo lugar. Como Cristo se no céu, Ele está em todo lugar na terra. Como Ele está ressuscitado, Ele está aqui, pois no momento que Ele esteve fisicamente em Jerusalém e Galileia Ele não podia estar em Roma e na Grã-Bretanha ao mesmo tempo, mas porque Ele subiu e ascendeu, Ele está aqui; A sua presença está em todo lugar."

A GRANDE ESPERANÇA – A CHEGADA PROMETIDA DE CRISTO.

O segundo Advento do nosso Senhor é prometido na Sagrada Escritura como a esperança maior do seu povo e a garantia do triunfo do seu reino. A pergunta é, em que forma isto deve ser? É somente um evento súbito em um momento do tempo? Seguramente não! Como na sua primeira aparição, é provável que nem a maneira da Sua chegada ou até a sua própria presença pessoal, que será primeiro revelada aos Seus santos, será reconhecido pela maioria. De fato, é necessario 'virgens prudentes estarem totalmente preparadas para entrar com o Noivo e participar do banquete. Na parábola, de Mateus 25, todas as dez estavam a vigiar, preparadas e prontas para encontrá-lo, mas só a metade ganhou a admissão, outra metade foram deixadas na escuridão do exterior da descrença – não é de admirar elas lamentaram, pensaram que estavam certos.

O equipamento mais necessário foi o óleo (luz) e uma provisão extra mais do que seria normalmente necessitada. As mentes das "virgens loucas" estavam tão compostas de como o Noivo vinha e atentas para o cuidado dos seus olhos naquele evento, porém faltaram à coisa mais vital de todos, e por causa desta coisa necessitaram da luz. É o Espírito Santo que é comparado com o óleo, e este 'óleo fresco' será o significado 'das virgens' que entram com Ele ao matrimônio. A restauração do Batismo do Espírito Santo foi concedida no nosso dia, e todos devem ajudar-se desta provisão infalível de óleo fresco da Lâmpada da Palavra de Deus. A luz fresca significa a revelação fresca. É abundantemente claro que é importante ler cuidadosamente e interpretar as Sagradas Escritura correctamente.

ENSINO DO FUNDAMENTO.

Continuamos com **"Chuvas de Bênção"** da semana passada, em uma diligência de explicar a Visão e Revelação dada na Igreja da Fé Apostólica, como alguns disseram que "nunca foram ensinados". Haverá alguns que irão se recordar que antes, durante, e durante alguns anos depois da 2ª Guerra Mundial, a Igreja publicou e distribuiu duas publica -

ções semanais, a saber "Ensinamentos da Igreja da Fé Apostólica" em conjunto com o "Boletim do Discipulado do Reino" Essas publicações semanais foram afetuosamente conhecida por todos como "T´s e B´s". Nunca se cobrou nada mas muitas doações foram recebidos com frequência para cobrir as despesas da produção e postagem.

Foi por meio dos artigos escritos nos Ensinos que iluminam e a compreensão foi dada a muitos que eram incapazes de terem a assembleia sob liderança de um dos nossos Pastores ungidos. Deste modo, progressivamente, a compreensão foi ganha por aqueles que fizeram esforços para lê-los cuidadosamente, e a luz da revelação contínua foi recebida. Muitas vezes os artigos do Boletim também contiveram não só o ensino visionário, mas também foi normalmente um canal para comunicar várias actividades da Igreja, Reuniões Especiais, as vindas e idas ou noticias de nascimentos, mortes e casamentos em todas nossas filiais a nível do mundo.

.

Durante os anos 60 o formato do "T´s e B´s" foram mudados e muitos titulos foram usados, mas os números de series mantiveram. Alguns dos títulos utilizados foram "Acção Familiar" e "Chuvas". O propósito dessas publicações não mudaram embora agora usamos o título "Chuvas de Bênçãos" conforme fez o Pastor W. O. Hutchinson justamente no princípio. Assunto nº 1, datado Janeiro de 1910, é de 6 completas páginas impressas em formato menor custeado com contribuições dos dirigentes e membros da Igreja a nível do mundo. Os vários testemunhos, profecias e tributos no trabalho da Igreja tornam mais interessante a leitura.

.

Os vários elementos dos ensinamentos do fundamento: de Arrependimento, Confissão, Restituição, Justificação pela Fé em Jesus Cristo o Senhor, Baptismo pela imersão da água, Santificação, O acto da graça pelo qual o sangue de Jesus purifica-nos dos pecados e nos torna santo, o Baptismo pelo espertito santo conforme recebido no dia de Pentecostes (Actos 2:4), com sinais que se seguiram (Marcos16:17); Cura Divina; A ceia do Senhor;e a revelação da segunda vinda do Senhor Jesus Cristo, é completamente estabelecido, e fazem parte da nossa doutrina.

Com a passagem do tempo, a revelação dada ao Pastor **Hutchinson** relativamente o que é comumente denominado "a vinda do Senhor Jesus" foi também progressivamente revelado pelo Espírito Santo a aqueles que o Senhor escolheu e ungiu com uma nova profundeza da visão. Esses foram no entanto permitidos a dar o necessário apoio ao Pastor **Hutchinson**. Inicialmente para alguns, esta revelação bastante compreensível, provou demasiado, e foi somente através de muitas orações e buscas que as justificações para as suas "retenções" foram afastadas.

O Senhor escolheu o Pastor **William Oliver Hutchinson** para ser o canal por quem podia trabalhar, no tempo marcado, e ser confiado para obedientemente lhe dar aquilo que foi necessario para estabelecer o início crucial do ponto da nova revelação divina.

A importância da divina natureza de Cristo, foi revelada em mim pelo Espírito Santo depois de ter estudado a ressureição de Cristo do túmulo, o qual me lançou a apegar-me na carta morta da palavra que Jesus viria novamente no ar em corpo ou fisicamente. O seu corpo deu para o resgate de muitos, assim trazendo a remissão do pecado. "Porque, assim como, em Adão, todos morrem, assim também todos serão vivificados em Cristo" (1 Cor.15:22). O maravilhoso e profundo ensinamento dado nas cartas do Apostolo Paulo e João o Apocaliptico complementam-se mui perfeitamente e como único entendimento é untado pelo Espírito Santo, portanto as alvoradas leves. As sombras da contradição e impracticalidades são afastadas, e a confiança na Palavra do Senhor é ganha.

O firmamento da fé do Pastor **Hutchinson** torna desnecessario para nós tentar e "resultar" raciocinando porque imediatamente o fizemos caimos contra parede das afirmações literais, o que no contexto literal são imóveis e em muitos exemplos o significado literal de algumas palavras transmite erros. Vamos ver num exemplo e ler junto em Actos 10:44, "Ainda Pedro falava estas coisas quando caiu o Espírito Santo sobre todos os que ouviam a palavra." Bastante obvio a significação é muito clara, mas as palavras 'caíram neles' não pode ser possivelmente tomado literalmente. Há muitos exemplos de uma natureza semelhante, diretamente pela Sagradas Escritura, mas alguns não são tão óbvios como o acima mencionado exemplo.

De fato, muita descoberta com uma mente clara – libertado de todos os preconceitos do ensino doutrinal tradicional – permite que nós fiquemos inteiramente confiante no principal do Espírito Santo, e as verdades mais profundas lentamente são introduzidas no nosso entendimento.

Sentimos que é importante tentar entender um pouco acerca de muitos dons do Espirito Santo. Não são todos conhecidos e certamente nem todos exercitados na presente época. Contudo, deve ser também bastante claro que aqueles que nos foram dados são só operacionais pelo Espírito Santo. Podemos usar facilmente as palavras "temos um dom do Espírito Santo", mas as verdades profundas dos dons não são superficiais, e são bastante diferentes, e adicionais a habilidades e aprendizagem mundanas normalmente desenvolvidas. "Mas recebereis poder, ao descer sobre vós o Espírito Santo" (Actos 1:8). A revelação deste poder e autoridade dado por Deus deve ser concebido numa perspectiva própria. O poder dado com o baptismo do Espirito Santo, deve manifestar-se por intermedio do canal da palavra de Deus.

O emblema da nossa igreja é um símbolo da árvore da vida, derivando-se de uma pequena colina, mostrando o sol nascente com os seus raios que brilham atrás dela. Um estandarte com as palavras "Edificado sobre a Fundação dos Apóstolos e Profetas o qual Jesus Cristo Ele mesmo é a Pedra principal da Esquina" rodeado, e é todo coberto de dois arcos, com o texto **"Eles venceram com o Sangue do Cordeiro"** (Apoc. 12:11). A palavra "ele" (satanás) foi propositadamente omissa. É importante lembrar que *o poder está no derrame do sangue do cordeiro de Deus*. Nos tempos passados, o sacrifício de sangue era salpicado pelos Sumo Sacerdotes no Altar para remissão dos pecados.

É importante que mantemos nossos pés firmes e assentes no chão e nos lembremos de uma citação muitas vezes usada que diz: 'não devemos ficar tão celestes como se fosse que não somos de nenhum uso terrestre." Todavia, as Leis dos Dez Mandamentos sempre devem ser honrados, e também as detalhadas diretivas escritas no livro de Leviticos; em particular relativo com as nossas relações e comportamentos com o proximo, e cuidar da nossa dieta. Se o ser humano se conservasse às estritas diretivas morais, e também a orientação dada a respeito de o que podia comer e o que não podia, homens e mulheres estariam muito saudáveis e as maldições da obesi -

de e SIDA não nos afectaria hoje. Esforçemo-nos em lidar com a importância do importuno do "sangue do cordeiro", honrando o Senhor pelos nossos dizimos e ofertas, e entendendo no mais profundo o significado da "Palavra".

HÁ PODER NO SANGUE.

"Mas, se andarmos na luz, como ele na luz está, temos comunhão uns com os outros, e o sangue de Jesus Cristo, seu Filho, nos purifica de todo o pecado." (1 João 1:7.)

Entrando em contato com esta Fé pela primeira vez, e depois da introdução inicial, "a diferença" é logo testemunhada, e fica óbvio que há uma necessidade de avaliar algumas verdades Bíblicas que foram reveladas, tentadas e testadas, e ficaram a parte das crenças de fundação fundamentais da Igreja. Os elementos específicos da Doutrina de Igreja são incompletos quando considerado isoladamente e na isolação um do outro, mas eles são a parte da Doutrina dos Apóstolos que Pedro falou de, preparar homens ordinários e mulheres para aceitar os dons do Espírito Santo nas suas vidas. *"Mas recebereis a virtude do Espírito Santo, que há de vir sobre vós; e ser-me-eis testemunhas, tanto em Jerusalém como em toda a Judéia e Samaria, e até aos confins da terra." (Atos 1:8).* "E perseveravam na doutrina dos apóstolos, e na comunhão, e no partir do pão, e nas orações." (Atos 2:42).

Primeiramente, vamos considerar que há necessidade de uma limpeza completa a realizar-se nos nossos corações e mentes, antes que possamos entrar naquela relação especial, pessoal com o Deus. Sabemos que está registrado no Velho Testamento que antes do nascimento, vida, morte e ressurreição de Jesus Cristo, a limpeza simbólica do homem dos seus pecados foi empreendida por um Alto Sacerdote, com a regadura formal do sangue de um cordeiro sacrificial puro e limpo sobre um altar, e o povo, dizendo, "Observe o sangue do convênio que o Senhor fez ..." uma prática instituída pelo Deus para redenção e libertação do homem da carga do pecado.

Com a Ressurreição de Jesus Cristo, uma porta de oportunidade ficou aberta pelo qual toda a humanidade pode estabelecer a novidade da vida, limpando da sua carga do pecado, pelo Sangue do Cordeiro de Deus.

Toma um ato de fé para advogar audivelmente o Sangue do Cordeiro, que não é feito em vã repetição, mas propositadamente e devotamente, com humildade. Vamos agora considerar o que diz as escrituras. Em Hebreus 12:24 lemos: "E a Jesus, o Mediador de uma nova aliança, e ao sangue da aspersão, que fala melhor do que o de Abel" Hebreus 10:6-20, "Holocaustos e oblações pelo pecado não te agradaram.

Então disse: Eis aqui venho (No princípio do livro está escrito de mim), Para fazer, ó Deus, a tua vontade.

Como acima diz: Sacrifício e oferta, e holocaustos e oblações pelo pecado não quisestes, nem te agradaram (os quais se oferecem segundo a lei).

Então disse: Eis aqui venho, para fazer, ó Deus, a tua vontade. Tira o primeiro, para estabelecer o segundo. Na qual vontade temos sido santificados pela oblação do corpo de Jesus Cristo, feita uma vez.

E assim todo o sacerdote aparece cada dia, ministrando e oferecendo muitas vezes os mesmos sacrifícios, que nunca podem tirar os pecados;

Mas este, havendo oferecido para sempre um único sacrifício pelos pecados, está assentado à destra de Deus. Daqui em diante esperando até que os seus inimigos sejam postos por escabelo de seus pés. Porque com uma só oblação aperfeiçoou para sempre os que são santificados. E também o Espírito Santo no-lo testifica, porque depois de haver dito: Esta é a aliança que farei com eles Depois daqueles dias, diz o Senhor: Porei as minhas leis em seus corações, e as escreverei em seus entendimentos; acrescenta. E jamais me lembrarei de seus pecados e de suas iniquidades. Ora, onde há remissão destes, não há mais oblação pelo pecado.

Tendo, pois, irmãos, ousadia para entrar no santuário, pelo sangue de Jesus, pelo novo e vivo caminho que ele nos consagrou, pelo véu, isto é, pela sua carne".

Em 1 Pedro 1:2, lemos "Eleitos segundo a presciência de Deus Pai, em santificação do Espírito, para a obediência e aspersão do sangue de Jesus Cristo: Graça e paz vos sejam multiplicadas." E em 1 João 1:7 "Mas, se andarmos na luz, como ele na luz está, temos comunhão uns com os outros, e o sangue de Jesus Cristo, seu Filho, nos purifica de todo o pecado."

Um extracto do livro, "a Palavra de Deus Vem Novamente," pelo **Kent White**, afirma que "Acreditamos que se a sua significação pode ser conhecida, como o é na acção pelo Espírito antes do Trono de Deus, seria uma revelação de fato que encheria muitos filhos de Deus com a estupefacção. O Senhor diz-nos que há um segredo na defesa do Sangue; vem através do Espírito se tornar mais profundo no nosso discernimento do seu poder e significação na medida em que avançamos nele. Muitos investigadores, começando a advogar o sangue, têm visões do Calvário. Fomos ditos através dos dons " que a defesa do sangue é como uma substância venenosa ao inimigo, por causa da fé atrás dele." "ORA, a fé é o firme fundamento das coisas que se esperam, e a prova das coisas que se não vêem" (Heb.11:1) "A fé traz o poder do Senhor Jesus Cristo, esvaziado na Sua morte, contra Satanás; e ele pode ter pensado que estava se livrar do Sangue, mas agora acreditamos que ele teme e treme por cima da revivificação do Sangue que está à mão. "

Em Êxodo 12, lemos como o Senhor instituiu o lançamento dos filhos de Israel da sua detenção no Egito sob dominio de Faraó, e por causa da sua obstinação, o senhor Deus Jeová trouxe a praga da morte sobre todo o primogénito no Egito, desde o primogênito de Faraó até ao primogênito dos empregados. Para o anjo da morte passar por cima das casas onde os filhos Israelitas viviam, disseram-lhes para salpicar o sangue de um cordeiro sacrificial sobre a padieira e as ombreiras da porta da entrada às suas casas. O verso 13 lê: "e o sangue será para voces um símbolo sobre as casas onde vocês estão: e quando ver o sangue, passarei por cima de vocês, e a peste não será sobre vocês para destrui-lo, quando bater a terra do Egito."

Hoje, experimentamos muitos exemplos honrosos que permitem que nós testemunhemos o poder milagroso de Advogar o Sangue do Cordeiro, que está derramando efetivamente o Sangue do Cordeiro de Deus sobre uma situação desesperada pessoal. Houve muitos testemunhos de como nossos entequeridos sentiram a presença interveniente de Deus, ocasionado devotamente Advogando o Sangue do Cordeiro, sobre situações desesperadas ou assustadoras, que mudaram pelo seu poder. Naturalmente, há ocasiões quando o Sangue do Cordeiro é advogado como um pálio de proteção aos nossos amados que podem estar perto ou longe. Também foi comprovado efectivo a cobertura em crises nacionais e internacionais, especialmente nas situações de tempo de guerra. Novamente citamos "da Palavra do Deus que Vem Novamente." Defesa do Sangue do Cordeiro "é a arma durante os últimos dias do conflito terrível e não será estabelecida até que Satanas e o seu exército sejam expulsos.

O Sangue é a arma das armas; não vamos aceitar nenhum substituto, nem escutar argumentos lisos-da linguagem de Satanas. Não há nada tão poderoso como o grito do Espírito pelo Sangue que ascende ao trono dos corações dos filhos de Deus."Não é uma repetição vã?" Alguns perguntam. Não, não onde há fé; a Oração do Senhor pode ser feita em repetição vã. A repetição vã do bárbaro está na adoração de ídolos onde o coração está cheio de superstição e escuridade, "quem pensam que eles serão ouvidos por muito falar." (Mateus 6:7). Que diferente é a defesa do Sangue sob a iluminação do Espírito Santo, no Seu testemunho abençoado para ele, e autorização forte dele. O fato do Deus que lhe responde é a prova que não é uma vã repetição.

O REGRESSO DE CRISTO.

A crença comum da maior parte dos Cristãos é que quando Jesus voltar novamente, todo o mundo o verá flutuar no céu em uma nuvem. Esta crença é dedução principalmente dos versos das Sagradas Escrituras seguintes:

"E, quando dizia isto, vendo-o eles, foi elevado às alturas, e uma nuvem o recebeu, ocultando-o a seus olhos. E, estando com os olhos fitos no céu, enquanto ele subia, eis que junto deles se puseram dois homens vestidos de branco. Os quais lhes disseram: Homens galileus, por que estais olhando para o céu? Esse Jesus, que dentre vós foi recebido em cima no céu, há de vir assim como para o céu o vistes ir" (Actos 1:9-11)

"E então verão vir o Filho do homem nas nuvens, com grande poder e glória." (Marcos 13:26)

"Eis que vem com as nuvens, e todo o olho o verá, até os mesmos que o traspassaram; e todas as tribos da terra se lamentarão sobre ele. Sim. Amém." (Apoc 1:7).

Essas crenças resultam da interpretação literal desses versículos.

Contudo esses versículos não deviam ser interpretados literalmente, porque acontecendo estaria claramente a contradizer Jesus quando ele disse: "Ainda um pouco, e o mundo não me verá mais, mas vós me vereis; porque eu vivo, e vós vivereis." (João 14:19)

Aqui Jesus afirma que a humanidade não o verá novamente, mas que os Cristãos o verão depois que eles forem ressuscitados com uma natureza espiritual, quando eles serem aperfeiçoados e terem vida eterna (eles "viverão"). Então eles "o verão como ele é" (1 João 3:2), já que ele não é mais ser humano, ele é um ser espiritual. Os versos seguintes deixam bem claro que Jesus é agora um ser espíritual e não um ser humano: "Assim que daqui por diante a ninguém conhecemos segundo a carne, e, ainda que também tenhamos conhecido Cristo segundo a carne, contudo agora já não o conhecemos deste modo." (2 Cor 5:16).

"Eu sou o pão vivo que desceu do céu; se alguém comer deste pão, viverá para sempre; e o pão que eu der é a minha carne, que eu darei pela vida do mundo" (João 6:51).

"Porque também Cristo padeceu uma vez pelos pecados, o justo pelos injustos, para levar-nos a Deus; mortificado, na verdade, na carne, mas vivificado pelo Espírito;" (1 Pedro 3:18).

"E agora digo isto, irmãos: que a carne e o sangue não podem herdar o reino de Deus, nem a corrupção herdar a incorrupção." (1 Cor 15:50).

No que concerne a vinda de Jesus as escrituras diz-nos que "o dia do Senhor vem como um ladrão na calada da noite", "Porque vós mesmos sabeis muito bem que o dia do Senhor virá como o ladrão de noite; Mas vós, irmãos, já não estais em trevas, para que aquele dia vos surpreenda como um ladrão;" (1 Tessalon 5:2,4). Aqui a analogia do ladrão a vir na calada da noite é usado para explicar que quando Jesus voltar muita gente estará adormecido do facto e não reconhecerão que ele já chegou. So mais tarde é que estarão acordados na luz do dia e que reconhecerão que o ladrão vinha horas antes.Semelhantemente só será mais tarde quando haver mais luz (a verdade da palavra de Deus revelada a todo o mundo) que eles reconhecerão que o dia do Senhor de fato começou há muitos anos atrás. A razão pelo qual o povo estará desatento de que Jesus voltou é porque eles estão esperando vê-lo voltar na forma humana, voando pelo céu em uma nuvem,ao passo que a sua presença será agora de natureza espiritual, que é invisível a todos os seres humanos. Mas para os Cristãos despertados e vigilantes (estudando as escrituras para aprender a maneira e o tempo da Segunda presença de Jesus), não serão ignorantes (nas trevas) relativamente ao dia do Senhor, de modos que este dia passé sem eles darem conta que esteve presente (como quando um ladrão na noite vem surpreendendo aos proprietários da casa), mas eles notarão quando é que o dia do Senhor começou. Jesus usa a mesma analogia na sua revelação a João: Ver. 3:3 Lembra-te, pois, do que tens recebido e ouvido, e guarda-o, e arrepende-te. E, se não vigiares, virei sobre ti como um ladrão, e não saberás a que hora sobre ti virei. Ver. 16:15 Eis que venho como ladrão. Bem-aventurado aquele que vigia, e guarda as suas roupas, para que não ande nu, e não se vejam as suas vergonhas.

Lucas 17:20 diz "E, interrogado pelos fariseus sobre quando havia de vir o reino de Deus, respondeu-lhes, e disse: O reino de Deus não vem com aparência exterior." {ou, com demonstração externa}. Por isso é que Jesus disse aos seus disciplos "se alguém vos disser: Eis que o Cristo está aqui, ou ali, não lhe deis crédito; se vos disserem: Eis que ele está no deserto, não saiais. Eis que ele está no interior da casa; não acrediteis." (Mateus 24:23,26). Ele disse-lhes que se alquem afirmar que eis aí o Jesus que voltou, ou dizer – lhes onde podem ver Jesus, que não considerem pois é tudo mentira ou erro, porque Jesus não voltará na forma visivel para os humanos. Entretanto não devem esperar ver ele voltando nas nuvens dos céus não!

.

Jesus prosseguiu dizendo "Porque, assim como o relâmpago sai do oriente e se mostra até ao ocidente, assim será também a vinda do Filho do homem." (Mateus 24:27). O significado deste verso tem estado obscuro pela pobre tradução. Primeiro a palavra grega que é traduzida como "relampago" é "astrape", a qual teria sido traduzida como "brilho brilhante", conforme traduzido similarmente em Lucas 11:36 onde ele se aplica ao brilho de uma vela. Evidentemente Jesus referia-se ao brilho brilhante do sol, que de fato brilha do Leste para Oeste ao nascer do sol, ao passo que os raios de relâmpago não saem do Leste e brilhando para o Oeste, eles tal como freqüentemente vem de outros quartos, e raramente, se alguma vez, o relâmpago claro cruza o céu.

64

A segunda palavra que é tambem pobremente traduzida em Mateus 24:27 é a palavra grega "parousia" que aqui é traduzida como "chegada" mas devia ser traduzida como "presença". Portanto Jesus está dizendo que a sua Segunda presença sera como o nascer do sol na alvorada. Isto é, durante a noite o sol existiu mas foi oculto. Então na partida da alvorada a luz da sua presença é abertamente perceptível, mas ele gradualmente e lentamente aumenta. Semelhantemente no início a presença de Jesus será abertamente percebida, exceto por aqueles despertados e vigilantes, esperando o seu regresso, mas então gradualmente cada vez mais a gente conhecerá a sua presença até consequentemente todo o mundo saber. Isto é compatível com a sua analogia do seu regresso ou vinda como um ladrão na noite, onde só aqueles despertados e vigilantes estarão consciente da sua presença, mas só depois na luz do dia todo o mundo virá perceber que ele esteve de fato presente durante a noite.

No entanto voltando nos versículos das escrituras citados no princípio agora estamos conscientes de que não deviam interpretar literalmente, e agora que temos consciencia de que não deviam interpretar literalmente, podemos interpreta-los consistentemente com as palavras de Jesus conforme se segue. Quando o anjo disse que Jesus "virá da mesma maneira que o viram subir nos céus", entendemos que esta "maneira" é de que ele deixou o mundo inobservado pela vasta maioria multidão que estava desatenta ou adormecida da sua partida para os céus. Ele foi observado a partir somente pelos seus mais chegados seguidores ou disciplo s. Semelhantemente, o seu regresso sera inobservado pela maioria da humanidade, e somente um relativo número dos seus seguidores estarão atentos da sua vinda.

Quando as Sagradas Escritura falam de Jesus "vindo nas nuvens" ele está dizendo simbolicamente que na segunda presença de Jesus haverá nuvens de problemas e confusões, quando os céus (Igreja) e a terra (o resto de humanidade) serem sacudidos - "Porque assim diz o SENHOR dos Exércitos: Ainda uma vez, daqui a pouco, farei tremer os céus e a terra, o mar e a terra seca; E farei tremer todas as nações, e virão coisas preciosas de todas as nações, e encherei esta casa de glória, diz o SENHOR dos Exércitos." (Ageu 2:6,7). Isto é para dizer que na segunda presença de Jesus haverá alvoroço e tribulações de modos que tudo que não serve para o reino de Deus será removido.Quando as escrituras dizem " todos os olhos o verá, uma melhor tradução ou interpretação devia ser que todos o reconhecerão e o perceberão como estando presente não de que o verão fisicamente. O verão com os olhos dos seus entendimentos. A vista não literal tal como as nuvens não é literal.

Jesus está presente mais uma vez, e tem estado desde algum tempo em 1914. a grande guerra de 1914–1918 foi o principio do "tempo dos problemas" (Dan 12:1). Estamos agora nos dias do fim quando muitos correrão de e para e a ciencia vai se multiplicar" (Dan 12:4). "E, como aconteceu nos dias de Noé, assim será também nos dias do Filho do homem. Comiam, bebiam, casavam, e davam-se em casamento, até ao dia em que Noé entrou na arca, e veio o dilúvio, e os consumiu a todos." (Lucas 17:26,27). A humanidade continua no normal, desatenta de que estamos a viver no tempo da Segunda presença de Jesus. Mas vós, irmãos, já não estais em trevas, para que aquele dia vos surpreenda como um ladrão; (1 Tessalon 5:4).

Estes são Artigos escritos pelo Rev. **Keith Robichaud,** Bournemouth Inglaterra ,por mim compilados e traduzidos pelo então diácono **Samuel Pakissi Pacheco**, actual Pastor Presidente (Supervisor).

Capítulo XI
A SANTIDADE.

Aqui apresento a minha maneira de ver as coisas em vária vertente de acordo a minha experiência pessoal: – **Fundação**; Deus fundou a Igreja, Jesus Cristo formou-a no ano 30 e o Espírito Santo confirmou-a no dia de Pentecoste, no ano 33 em Jerusalém. O dia de Pentecoste, foi o dia do derramamento do espírito santo prometido por Jesus Cristo aos seus discípulos quando ainda em vida.

A igreja da Fé Apostólica antes era oculta em Deus, que tudo criou por meio de Jesus Cristo aquém foi revelada, S. Lucas 6.12, tornando-se segredo de Deus conhecido aos homens. Efésios 3:9. A igreja de Cristo iniciou sua história com um movimento de âmbito mundial no dia de Pentecoste 50 dias após a ressurreição e 10 dias depois da ascensão do

Senhor Jesus Cristo. No livro dos Actos dos Apóstolos Cap. 6:7 lemos como é que a igreja começou a crescer e expandir-se a todas áreas em Jerusalém. Já não há dúvidas e nem deve haver em relação a existência da igreja Apostólica no mundo, como a única de Deus e dada aos homens para nela ganharem a vida eterna, Actos dos Apóstolos 4:12, o que resta para os homens é seguir os mandamentos, hábitos e costumes dos apóstolos.

SALVAÇÃO.

Todos seres humanos ficarão de baixo da desobediência por um só homem, e muitos foram feitos pecadores, assim, pela obediência de um, muitos serão feitos justos. E por causa desta desobediência os homens passarão a nascer propensos ao pecado e ao mal (Rm. 5.19;1.21;7.24;Gn 6.5-12;8.21; Sl.14.1-3 Jr 17.9; Mc 7.21-22;1° Co 2.14; Gl 5.19-21;Ef 2.1-3;Cl 1.21;1°Jo 5.19; Gl 3.22).

A morte entrou no mundo através do pecado e por isso todos estão sujeitos a morte. A Salvação é obtida quando a pessoa crê em Cristo Jesus e arrepende-se iniciando uma nova vida, e aquele que não crê, será condenado. Act 2.38; Mt12.37. E verdade que por suas palavras serás justificado e por suas palavras serás condenado, Rm. 10.10-17; II Ct 9.13; Sl.19.4; Mt.24.14;28.19; Mc.16.15; Cl.1.6- 23; Mt 25.41; Sl 6.8;Mt 7.23;13:40-43; Lc 13.27; II Pe. 2.4-9; Jd. 1.6; Jo. 12.48.

Assim todos os que crêm serão baptizados em nome do Pai, do Filho e do Espírito Santo, esta é uma obrigação que Jesus Cristo nos impõe a pregar este evangelho do baptismo, Mt 28.19, portanto, (idem e ensinai fazei discípulos) todas as nações, baptizando-as em nome do Pai, do Filho e do Espírito Santo.

COMO AINDA FALAMOS DA SANTIDADE NA IGREJA APOSTÓLICA.

A parte espiritual deve ser considerada como a primeira no cristão isto é, separar a carne do Espírito santo. Mateus 28:19 e seguinte. Jesus Cristo disse numa das suas exposições; que ninguém conhece o filho senão o Pai e ninguém conhece o Pai senão o Filho e aquele a quem o filho o quiser revelar. Mateus 11:27. Ali nos dá entender que um crente Apostólico deve antes de tudo conhecer melhor a igreja de Jesus e seguir os seus ensinamentos. É evidente que andar neste mundo sem Espírito Santo é loucura. Nós temos que ser coerentes com a palavra de

Deus 1º S. João 3:5; Actos 8:16.

O crente apostólico deve permanecer nos estatutos da igreja apostólica e seus regulamentos; Actos 2:36; 8:36; 9:18; 16:15; 18:8; 19:5; 22:18; Romanos 6:3 e Gálatas 327:

1º Arrepender-se

2º Ser Baptizado

3º Ser cheio de espírito Santo.

4º Obedecer e permanecer na doutrina dos apóstolos.

O crente apostólico, deve ir de encontro ao escrito em Deuteronomio 22:5, I Coríntios 11; Isaías 3:18. Deve ser ainda igual ao escrito nos Hebreus 13:17; Malaquias 3:10; (um crente dizimador e ofertor), Galatas 5:13; Romanos 7:5; 13:4. Permanecer na santidade apostólica é ir de encontro o que diz o apóstolo Pedro, quando deu as directrizes para sermos realmente apóstolos 1º Pedro 3.1-5,se analisarmos bem o que diz as escrituras há concordância com o 1º Timóteo 2:8-10. Neste vimos em Ezequiel 28:12, como acontecem os vaidosos, Romanos 12.1.

Jesus disse; passarão os céus e a terra mas as minhas palavras não hão de passar. Também o apóstolo Paulo escreveu dizendo; " se o mesmo anjo descer dos céus e pregar outro evangelho que fosse além do que havia anunciado, que fosse considerado anátema ou seja maldito de Deus". Em 1 Corintos 1.1, o mesmo Paulo escreve que sede meus imitadores, como também eu sou de Cristo".

A Beleza de Deus é interna e não externa,Deus enxerga o espiritual, por isso nesta Deus fala que serão arrancados toda a sorte de jóias, todo ornamento, todos os efeitos. Deus crer um povo santo, separado, zeloso, diferente do mundo que não fala a língua que o mundo fala, que não se veste como o mundo se veste que não age como o mundo age, e para acontecer temos que obedecer os estatutos e mantimentos de Deus na sua totalidade, procurar a cada dia sermos realmente santos ou seja, separados e diferentes do mundo; Isaías 53.2, 2 Coríntios 6.14. Se nós conseguirmos entender que Deus é Santos, e quer que o seu povo também seja nós jamais vamos deixar de ser abençoados, pois Deus jamais vai desamparar um povo que anda nas regras, um povo que teme o Seu nome, um povo diferente do mundo, que anda contra o mundo que joga contra as regras do mundo, proclamar como o povo apostólico.

O crente apostólico deve permanecer na santidade apostólica.

ACERCA DOS JOVENS APOSTÓLICOS.

Neste capítulo, importa dizer que nada difere de tudo que acima foi referido. Mas importa dizer que é necessário que os actuais jovens sejam chamados atenção, como por exemplo o namoro que não é permitido na lei da igreja. É preciso informar aos jovens que é proibido andar junto sem testemunha o jovem e a jovem, tão pouco beijar-se e em caso de viagens nunca devem sentar-se juntos e também não é permitido que os jovens apostólicos namorem com outros de fora da igreja. Deuteronomio 7:3; II Coríntios 6:14-16; I Samuel 15:23. 1 Pedro 3:1-5; I Timóteo 2:8-10; Ezequiel 28:12; Romanos 12:1; I oríntios 1; Géneses 35:1; Ezequiel 23:1; Isaías 3:18; II Coríntios 6:14.

Uma das partes que quero referir aqui, é a cerca do respeito entre jovens e mais velhos. A filosofia nos diz que" o novo dá lugar ao velho e o velho ao novo" e dentro da igreja apostólica há o sistema de quem foi primeiro a ser baptizado, etc. Neste não deve haver dúvidas, lembremo-nos o que aconteceu com o apóstolo Pedro o pescador entre os outros que eram doutores. Pedro o pescador foi a quem Jesus deixou as chaves da igreja. É evidente que todos devem ser submissos ao pastor da igreja local; Hebreus 13.17. Se houver contendas, brigas, fermentação, discussões por qualquer que seja o problema o responsável pelo ponto de pregação ou pela igreja local deve ser rapidamente procurado para se resolver o problema nunca deixar sair para fora da igreja.

Capítulo XI
O QUE É A IGREJA FÉ APOSTÓLICA FINALMENTE?

É a autêntica Religião Cristã, pregada no Oriente fundada por Nosso Senhor Jesus Cristo, transmitida pelos Apóstolos e seus sucessores e conservada e ensinada pela Igreja Apostólica, através dos séculos, em toda a sua autêntica pureza. É a doutrina recta, contida na Sagrada Escritura, sem aumentar, nem diminuir nada, na Tradição e nos 7 primeiros Concílios Ecumênicos. É a Doutrina ensinada e pregada pela Igreja Apostólica para glorificar a Deus e salvar as almas, segundo a Vontade de Jesus Cristo.

É Apostolo quem segue a Doutrina de Nosso Senhor Jesus Cristo e os ensinamentos da Igreja Apostólica, mais exactamente, é aquele que segue a recta Doutrina de Nosso Senhor Jesus Cristo. Esta Doutrina e Religião ensinada por Nosso Senhor Jesus Cristo, difundida e propagada no Mundo pela Igreja Apostólica.

Quem fundou a Igreja Apostólica?

A Igreja Apostólica foi fundada unicamente por Nosso Senhor Jesus Cristo, sobre os doze Apóstolos, na cidade de Jerusalém, quando o Espírito Santo, prometido, desceu em forma de línguas de fogo sobre os Apóstolos, no cenáculo, no dia de Pentecostes. E estavam lá a Virgem Maria, os Apóstolos e discípulos reunidos (Atos 1:13-15). Esta foi a primeira Comunidade Cristã ou de crentes em Nosso Senhor Jesus Cristo. A primeira Igreja divina e sobrenatural instituída para salvação dos homens. Cristo permanece com sua Igreja até a consumação dos séculos. Ele é a sua única cabeça e chefe. Existe só uma autoridade suprema: Jesus Cristo, seu fundador, verdadeiro Homem. Desde Jerusalém, o Evangelho foi propagado pelos Apóstolos, nos países vizinhos. E foi em Antioquia que os seguidores de Nosso Senhor Jesus Cristo foram chamados, pela primeira vez, Cristãos (Atos 11:26).

Como se organizou?

A Igreja Apostólica possui a autêntica Doutrina de Nosso Senhor Jesus Cristo, tal como saiu dos seus lábios e foi pregada pelos Apóstolos no primeiro século da era cristã, pratica seus mandamentos e vive a vida da graça, que nos deixou nos sacramentos, após sua morte e Ressurreição e os ensinamentos dos 7 primeiros concílios, para que alcancemos a vida eterna. A Igreja é a depositária da Doutrina de Nosso Senhor Jesus Cristo e a continuadora da obra da Salvação, do amor e da conquista da vida eterna, por toda a terra. Deus prometeu à Igreja a assistência do Divino Espírito Santo, não cair e não ensinar o erro e "Eu permanecerei convosco até os confins dos séculos."

A administração dos fiéis cristãos era exercida pelos Bispos, Presbíteros e Diáconos e em cada região há uma autoridade maior, chamada Patriarca. O mundo cristão, nos primórdios do cristianismo tinha cinco

Patriarcados (a Pentarquia). Em ordem cronológica: Patriarcado de Jerusalém, Patriarcado de Antioquia, Patriarcado de Alexandria, Patriarcado de Constantinopla e Patriarcado de Roma; todos eles tinham iguais direitos e eram independentes na administração; ao Patriarcado de Roma foi dado o título de "Primus inter pares," por ser Roma, na época, a capital do império (conf. 1º Concílio Ecumênico, art. 36), ficando assim, na ordem hierárquica: os Patriarcados de Roma, da Nova Roma - Constantinopla, de Antioquia, de Alexandria e de Jerusalém; mas, a mais alta autoridade da Igreja Cristã, ainda era o Concílio Ecumênico, cujas decisões são obrigatórias para todas as Igrejas Cristãs.

Onde está expressa Claramente a Doutrina Cristã?

As bases da verdadeira doutrina cristãs foram assentadas no Primeiro Concílio Ecumênico, convocado por Constantino, o Grande Imperador de Constantinopla e de todo o Oriente, na cidade de Nicéia, no ano de 325. Os 318 Santos Padres compuseram o "Credo ou símbolo da Fé, que em pequenas palavras, expressa claramente nossa crença e doutrina cristã. Este Credo foi completado em seus últimos artigos no Concílio Ecumênico de Constantinopla (ano 381) e por isso se chama Credo ou Símbolo da Fé Niceno-Constantinopolitano. O triunfo do Cristianismo se produziu três séculos depois da morte de Jesus Cristo, com a paz decretada por Constantino, Imperador de Roma. Até então o Cristianismo vivia nas catacumbas, às escondidas e sem prestígio da verdadeira liberdade de celebrar todos os seus atos religiosos e aprendiam a conhecer a Cristo (Livro dos Atos dos Apóstolos). Mais tarde, foram convocados outros Concílios Ecumênicos (sete) reafirmando neles os verdadeiros dogmas cristãos.

Onde se encontram as fontes da Doutrina Apostólica?

As fontes de onde extraímos a nossa Fé Apostólica são duas: a Sagrada Escritura e Santa Tradição. A revelação dada por Deus ao homem sobre o que deve crer e praticar para agradar a Deus e conseguir sua salvação eterna se acha unicamente nestas duas fontes. A única que interpreta e ensina esta Revelação é a Igreja, pois, assim estabeleceu Nosso Senhor Jesus Cristo e, é uma prova de segurança de que estamos na Verdade, pois Jesus Cristo prometeu sua assistência a seus Apóstolos e a sua Igreja.

A Bíblia é a Palavra de Deus revelada aos homens por meio dos patriarcas, profetas (V.T). e apóstolos (N.T.), ou os escritos do Antigo e Novo Testamento.

Podemos resumir o que foi dito?

A Igreja Apostólica viu a Luz lá na Palestina, com Jesus Cristo, expandiu-se com os Apóstolos e cimentou-se sobre o sangue dos mártires. A Igreja Apostólica não morre, porque descansa sobre Jesus Cristo e tem a promessa de que existirá até os confins dos séculos. Em vão seus inimigos e todos os impiedosos trataram de destrui-la, de negá-la ou de persegui-la.

A Igreja Apostólica, à semelhança de seu Divino Mestre e fundador Jesus Cristo, desde seu nascimento mesmo, no ano 33 d.C. padeceu e sofreu terríveis perseguições sob o Império Romano, passando pelos otomanos e até nossos dias sofre a mais violenta das perseguições daqueles que se omitem em querer conhecê-la. O Sangue de infinidade de mártires havia selado e provado ao mundo a sublimidade de seu amor e perfeição e a verdade de sua Doutrina Divina. Apesar de tudo, sempre subsistiu e triunfou. Ela vive e viverá eternamente em Cristo e seguirá confiante em suas palavras: "Eu estarei no meio de vós até a consumação dos séculos. As portas do inferno não prevalecerão contra Ela."

Onde se encontra manifesta: A Sagrada Escritura? A Tradição Apostólica?

A Tradição, encontramo-la manifestada em:
1. Os sete Concílios Ecumênicos;
2. Os Santos Apóstolos e Escritores Cristãos;
3. Símbolo dos Apóstolos;
4. Símbolo Niceno-Constantinopolitano;
5. As Liturgias da Igreja;
6. O Magistério Permanente da Igreja;
7. A Legislação Eclesiástica.

A Igreja Apostólica é a Igreja de Cristo sobre a terra. A Igreja de Cristo não é só uma instituição, mas uma vida nova com Cristo e em Cristo dirigida pelo Espírito Santo.

Quem são os Santos Apóstolos?

Desde os primeiros séculos do Cristianismo houve grandes pensadores que puseram sua inteligência a serviço de Cristo e sua doutrina. Tais personagens vazaram sua ciência e profundos conhecimentos em escritos, onde explicavam a nova Fé e a defendiam dos ataques de seus inimigos e hereges. Sempre na Igreja de Jesus Cristo, houve hereges e heresias: Docetas, Gnósticos, Arianos, Eutiquianos, Monotelistas, Maniqueus, Iconoclastas, que a Igreja condenou, em vários Concílios, estabelecendo a verdadeira Fé. Entre os principais escritores e expositores do cristianismo primitivo temos dois grupos: os Apostólicos, sucessores imediatos dos Apóstolos e os Grandes escritores: a Didaquê, o Pastor de Hermas, São Inácio, São Policarpo, Papias, etc., e os Santos Apóstolos, que defenderam e sistematizaram a verdadeira doutrina da Igreja Apostólica, como: São Basílio, o Grande, São João Crisóstomo, São Cirilo de Alexandria, São Cirilo de Jerusalém, São Gregório Nazianzeno, São Gregório de Nissa, Orígenes e Santo Éfrem, o Siríaco, o historiador Eusébio, São João Damasceno, que foi o primeiro a compendiar de modo sistemático toda a Teologia Apostólica; no Ocidente encontramos os seguintes: São Agostinho de Hipona, São Jerônimo, São Ambrósio, São Hilário de Poitiers, São Gregório Magno, São Leão Magno, etc. O período desta era patrística cristã abrange desde o ano 100 até o ano 900 d.C.. A Igreja tem grande veneração por esses sábios, tanto por sua santidade como por sua ciência, constituindo-os testemunhos verídicos e inquestionáveis do primitivo cristianismo, junto com os Concílios, a principal fonte da Tradição Divina e Apostólica.

O que quer dizer: a Igreja é uma vida misteriosa em Cristo?

A Fé Apostólica é a Igreja de Cristo sobre a terra, é uma nova vida com Cristo e em Cristo, dirigida pelo Espírito Santo. A luz da ressurreição de Cristo reina sobre a Igreja e a alegria da ressurreição, do triunfo sobre a morte, compenetra-se n'Ela. O Senhor ressuscitado vive connosco e nossa vida na Igreja é uma vida misteriosa em Cristo. Os "Cristãos" levam este nome precisamente porque eles são de Cristo; eles vivem em Cristo e Cristo vive neles. A encarnação não é unicamente uma ideia ou uma doutrina; é antes de tudo um fato que se produziu uma vez no tempo, mas que possui toda a força da eternidade. E esta Encarnação perpetua, sem confusão, as duas naturezas: a natureza Divina e a natureza humana, que forma a Igreja.

O que quer dizer: a Igreja é o Corpo Místico de Cristo?

A Igreja é o Corpo Místico de Cristo, enquanto unidade de vida com Ele. Expressa-se a mesma ideia quando se dá à Igreja o nome de Esposa de Cristo ou Esposa do Verbo. A Igreja, enquanto Corpo de Cristo não é Cristo-Deus-homem, pois Ela não é mais que sua humanidade; mas é a vida em Cristo e com Cristo, a vida de Cristo em nós: "Não sou mais eu quem vive, é Cristo que vive em mim" (Gl. 2,20). A Igreja, em sua qualidade de Corpo de Cristo, que vive da vida de Cristo, é por Ele mesmo o domínio, onde está presente e onde opera o Divino Espírito Santo, porque Ela é o Corpo de Cristo. Eis aqui, porque se pode definir a Igreja como uma vida bendita no Espírito Santo: diz-se algumas vezes também, que Ela é o Espírito Santo, que vive na humanidade. A Igreja é a obra da Encarnação do Verbo, Ela é Encarnação: Deus se assimila à natureza humana se assimila à natureza divina. É a deificação (Zeosis) da natureza humana, consequência da união de duas naturezas em Cristo. Então, a Igreja é o Corpo de Cristo: pela Igreja nós participamos da vida divina da Santíssima Trindade. Ela é a vida em Cristo, logo, a Igreja é o Corpo de Cristo, que permanece indissoluvelmente unida à Santíssima Trindade.

O que quer dizer: a Igreja existe em nós?

A Igreja é uma experiência de vida. "Vinde e vede": não se concebe a Igreja só como instituição a que pertencem os baptizados, mas uma experiência de vida onde os batizados encontram com o Pai, onde os cristãos vêm glorificar, render graças e pedir a ajuda deste Pai carinhoso pronto a ajudar os filhos. A essência da Igreja é a vida divina, revelando-se na vida das criaturas. A Igreja pela Encarnação de Nosso Senhor Jesus Cristo e pela força do Espírito Santo em Pentecostes, transmite a vida espiritual, escondida no "homem secreto," na "câmara interior" do seu coração.

A Igreja é um mistério e um Sacramento?

A vida da Igreja é a vida da fé, pela qual as coisas deste mundo se tornam transparentes, existe por sobre a natureza, é compatível com a ideia deste mundo, fazendo dela um objecto de fé. "Eu creio na Santa Igreja Apostólica." O homem por ela se torna universal, sua vida em Deus se une à vida de toda a criação, escortina-se para o amor cósmico. Esta Igreja, que une não somente os vivos, mas, também os mortos, as hierarquias dos anjos do mundo e do homem. Ela se perde na eternidade - Eu estarei convosco até os confins dos séculos. Certamente a Igreja não alcança a plenitude de sua existência a não ser depois da Encarnação do Verbo, mas foi concebida pelo Verbo e foi fundada por Nosso Senhor Jesus Cristo. A vida indivisível da Igreja, a vida da fé, está indissoluvelmente unida às formas terrestres. Ela tem um começo na história e estabeleceu a "Nova Aliança" entre Deus e os homens. Por isso, tem o poder de proclamar a Verdade. Os Concílios são, antes de tudo, a expressão tangível do espírito de "conciliaridade," e a realização da Igreja, de sua verdade. Não é necessário considerar um Concílio como uma instituição toda exterior, que proclama por via de autoridade uma lei divina ou eclesiástica, uma verdade por outra parte inacessível aos membros isolados da Igreja. É necessário recordar sempre que o Concílio, seja ou não ecumênico, não mais que um órgão exterior, estabelecido para a proclamação infalível da verdade e instituído para ele. Este princípio nos levaria a concluir que a Igreja, antes dos Concílios e sem Concílios, é "Apostólica e infalível." Ela subordinaria a um ato externo, tal qual assembleia eclesiástica, à acção do Espírito Santo. Só a Igreja pode dar testemunho da verdade e conhecê-la em sua "Conciliaridade," em sua identidade em si mesma. A quem pertence o poder de proclamar a verdade doutrinal? Ao poder eclesiástico, combinado entre os irmãos do episcopado. Mas esta proclamação, o órgão do poder eclesiástico não se torna por si mesmo o possuidor da infalibilidade. Este não pertence mais que à Igreja em sua ecumenicidade. O poder eclesiástico é o órgão legal da proclamação da verdade e que é a consciência da Igreja, expressão da verdade. Ele, o Concílio se torna de alguma maneira de um todo, em prol de todos.

Como sabemos das resoluções da Igreja Apostólica?

Para responder a essa pergunta devemos reunir as seguintes fontes de informações: - As Sagradas Escrituras; - O Direito Apostólico (Nomocanon: Regras da lei); - As disposições e artigos dos Concílios Ecumênicos; - As disposições eclesiásticas permanentes.

A Igreja Apostólica, para sua recta organização e administração, possui seu Direito Canónico Apostólico, chamado Nomocanon, órgão que regula seu funcionamento. O Direito Canónico: "ensinai aos homens a observar tudo aquilo que Eu vos tenho ensinado" (Mt. 28:20). É por sua divina constituição que a Igreja, como guardiã da Lei Divina, tem o direito de estabelecer Regra, de julgar e se necessário de julgar e de aplicar sanções: "Quem vos escuta, a Mim escuta; quem vos despreza, a Mim despreza" (Lc. 10:16). Desde suas origens, a Igreja tem consciência de sua responsabilidade e de sua ordem histórica: o Concílio de Jerusalém regulou as questões relativas aos cristãos de origem judaica (At. 15:22). São Paulo se refere às questões das assembleias, às qualidades requeridas pelos bispos, ao uso dos carismas. Durante os três primeiros séculos, a Igreja empregou o direito de resolver as questões eclesiásticas e esse costume se encontra na Didaquê (fim do séc. 1.o e princípio do século 2.o), a tradição apostólica de Hipólito (princípio do séc. 3.o), a Didascália dos Apóstolos (até o ano 250), as constituições Apostólicas (até 380).

O que temos ainda como História da Igreja?

Com o Século IV, a Igreja entra no tempo dos Concílios regular. Muitas colecções nos dão os históricos dos Cânones (por exemplo a Colecção de João, o Escolástico, no ano 550). A harmonia dos Apóstolos da Igreja e do Império, explica a presença do Direito Eclesiástico, nas colecções jurídicas do Império de Teodósio ou de Justiniano (Digesto Novas, etc.). Mais tarde, apareceram os trabalhos dos canonistas Balsamon, Zonares, etc.. A Apostólica não possui um código unificado, mas tem códigos locais que remontam à Idade Média. Na Igreja Apostólica a autoridade máxima se constitue no Concílio Ecumênico, cujas decisões abrangem toda a Igreja de Cristo.

A infalibilidade se acha na Igreja inteira, representada na reunião de todos os bispos em concílio. Historicamente, o período dos Concílios Ecumênicos representa para os Apóstolos um período "normativo." A Igreja Apostólica reconhece sete Concílios Ecumênicos:

Concílio	- Ano d.C. -	Doutrina
1- Nicéia	- 325 -	-Divindade de Jesus Cristo. Condenação de Ários.
2- Constantinopla I	- 381 -	-Divindade do Espírito Santo. Condenação de Macedônio.
3- Éfeso	- 431-	- Maternidade Divina de. Maria. Condenação de Nestório. Em Cristo uma Hipóstase, a Divina.
4- Calcedônia	- 451-	- Dualidade da natureza em Jesus Cristo: Condenação de Eutiques, que ensinava o monofisismo.
5- Constantinopla II	- 553-	-Condenou as obras escritas pelos seguidores do herege Nestório.
6- Constantinopla III	-680-	- Dualidade de Vontades em Jesus Cristo, não contrariadas umas pela outra, mas a vontade humana sujeita à vontade Divina. Condenação do Monotelatismo.
7- Nicéia II	- 787-	- Condenação do Iconoclasmo.

No 7.o Concílio Ecumênico, o de Nicéia II (787), deferiu-se a doutrina das imagens (Ícones).

Por que se empresta tanto valor ao Concílio Ecumênico?

O Concílio local é uma reunião de pastores e doutores da Igreja, mas não de todo mundo cristão. O valor Concílio Ecumênico é universal. Os Santos Apóstolos deram o primeiro exemplo destas reuniões, comparecendo ao primeiro Concílio Apostólico em Jerusalém, presidido por São Tiago Apóstolo. A Igreja é uma reunião de crentes unidos na comunhão da fé Apostólica, na Legislação Divina, na sagrada instituição do Sacerdócio e nos Sagrados Sacramentos. Temos a certeza de que Nosso Senhor Jesus Cristo é o único cabeça da Igreja, porque assim nos ensina São Paulo: "Porque ninguém pode por outro fundamento, fora aquele que já está posto, o qual é Jesus Cristo" (I Cor 3:11).

A Fé Apostólica hoje?

A Igreja Apostólica é Una, porque é um só corpo espiritual, tem uma só cabeça, Jesus Cristo, está animada por um só Espírito de Deus. A unidade se expressa na mesma fé, na Comunhão, nas orações e nos Sacramentos. É Santa como sua base: Nosso Senhor Jesus Cristo, e porque nela mora o Espírito Santo, que a santifica, e porque frutos santos. É Apostólica, Universal ou Ecuménica: abrange a todos os fiéis, de todos os lugares, de todos os povos ou regiões. Está aberta para todo aquele que deseja se unir a Ela (Mt 28:18-12). É Apostólica, porque conserva sem interrupção a doutrina de Jesus Cristo, e dos Dons do Espírito Santo, desde os tempos dos Apóstolos. Hoje a Igreja Apostólica renasceu, com novos impulsos, dando as nações da terra. A pentarquia ainda se constitue dos Patriarcados de Jerusalém, Alexandria, Antioquia e Constantinopla...

Concluindo... por que Sou Apóstolo?

Sou Apostolo porque pertenço à sociedade de fiéis Cristãos unidos pela Fé Apostólica e vivem conforme aquilo que Ela ensina, obedece aos seus Pastores em tudo o que acontece à Glória de Deus e à Salvação da alma. Sou Apostolo porque vivo e pratico a fé e a virtude na Igreja. Considero-me membro dela, por meio do Santo Baptismo; assisto às Igrejas Apostólicas, a seus cultos e sacerdotes; acerco-me dos Santos Sacramentos; escuto a Voz de Deus através de seus dirigentes; trato de viver da Graça que se derrama continuamente sobre todos os seus filhos. Sou Apostolo, porque amo ao verdadeiro Deus, a Jesus Cristo, seu Filho Unigénito, e ao Divino Espírito Santo; amo e procuro seguir sua Doutrina, seguindo assim o que ensina e prega a Santa Igreja Apostólica. Sou Apostolo porque creio exactamente no que os Apóstolos ensinaram.

Sou Apostolo porque creio nas verdades que a igreja Apostólica ensina e se acham contidas no **Credo Apostólico**, onde se afirma:

Creio em Um só Deus, Pai Omnipotente, Criador do Céu e da terra, de tudo o que visível e invisível; Em um só Senhor Jesus Cristo, Filho Unigénito de Deus, nascido do Pai antes de todos os séculos. Luz de Luz, Deus verdadeiro de Deus Verdadeiro, gerado e não criado, Consubstancial ao Pai, por quem foram feitas todas as coisas; Que desceu dos Céus por causa de nós homens, e para a nossa salvação; e encarnou-se pelo Espírito Santo, na Virgem Maria e se fez homem; Foi crucificado por nossa causa, sob o poder de Pôncio Pilatos, padeceu e foi sepultado; Ressuscitou ao terceiro dia, segundo as Escrituras; Subiu aos céus e sentou-se à direita do Pai; Novamente virá com glória, para julgar os vivos e os mortos e cujo Reino não terá fim; No Espírito Santo, Senhor Vivificante, que do Pai procede e que é com o Pai e o Filho adorado e glorificado, e que falou pelos profetas; Em Uma Igreja, Santa, Apostólica; Confesso, também, um só Batismo para remissão dos pecados; Espero a ressurreição dos mortos; E a vida do século futuro. Amém.

Capítulo XII
COMO A IGREJA APOSTÓLICA FOI APROVEITADA POR ALGUNS PASTORES E FUNDAR OUTROS RAMOS.

Fundada em 1908, a Igreja Apostólica foi a primeira igreja pentecostal na Grã-Bretanha. Fundada pelo Rev. **William Oliver Hutchinson**, da Câmara Emmanuel foi construído em um subúrbio de Bournemouth em 05 de novembro de 1909. A igreja cresceu rapidamente, e se espalhou para todo o Brasil e, em seguida, através do trabalho missionário, o mundo inteiro. A igreja tem a separação várias vezes em vários ramos, aparentemente crescendo a cada momento. A maioria dos membros sucedeu após o cisma de Penygroes, no País de Gales e foram chamados simplesmente a Igreja Apostólica. Rev. Daniel P Williams e seu irmão, sendo a principal força neste movimento em 1916.

Uma vez retirado o que viram como as limitações do ministério de Bournemouth, o galês cresceu, e cresceu fundando igrejas e escolas. O Penygroes International Bible College, muito famosa pela sua devota e e ensino completo. Os restantes membros que olhou para o trabalho "original" em Bournemouth continuou a chamar a si a Igreja Fé Apostólica, após a divisão. A publicação criada por W. O. Hutchinson, "Chuva de Bênçãos" teve uma grande circulação e continuou após sua morte. Outras divisões ocorreram sobre a possibilidade de continuar a apoiar os pontos de vista trinitário fundador ou não, resultando em um rápido declínio na igreja original e sua conexão de congregações. Outras divisões plantações igreja e, de facto resultou e agora há Apostólica igrejas em todo o mundo, de diferentes denominações (Igreja Apostólica de Cristo, Primeira Igreja Apostólica, Igreja Fé Apostólica Unidos, etc.) O nome original da Igreja Fé Apostólica é ainda muito usado no Continente Africano. A igreja de raiz original (ex-Emmanuel Hall), onde ele começou ainda permanece (embora em um site muito reduzido), mas agora não é mais utilizado.

Cruz da Missão denominacionais de volta ao nosso Directório em ordem alfabética de Denominações.

Aqui está uma lista de cada denominação. A inclusão nesta lista não implica na aprovação das crenças, organizações ou métodos, nem omissão não implica uma desaprovação. Esta lista é uma mostra da grande amplitude de diversidade nas populações que se dizem cristãos. Descrição em itálico dá: modelo (ou seja protestante), ministério (ie = Presbiteral camada simples), trinitário ou não. Tal descrição curta não pode dar toda a imagem da denominação, e muitos pontos de vista exclusivo mantenha sobre muitos assuntos. Por favor, veja a descrição completa e das denominações de próprios sites.

Igreja Adventista (também conhecido como Adventista do Sétimo Dia), protestante, Presbiteral, trinitária; Igreja Apostólica. Pentecostal, Presbiteral, trinitária; Igreja Católica Apostólica Episcopal, Bispos, trinitária; Igreja Anglicana Católica (reformado), Episcopal, trinitárias, Assembleias de Deus, Igrejas Batistas protestante, Presbiteral, trinitária
Igreja Católica Apostólica de Antioquia Católica, Episcopal, trinitária
Cristadelfianos Igreja comunhão, protestante co-igual, Unitário
Igreja dos Irmãos protestantes, Presbiteral, trinitária; Igreja das Nações, Igreja Católica da Inglaterra (reformado) Episcopal, trinitária

Igreja de Deus, Igreja de Jesus Cristo dos Santos Últimos Dias (também conhecida como Mórmons), Igreja do Nazareno protestante, Presbiteral, trinitária; Igreja da Escócia protestante, Presbiteral, trinitária ; Igreja de St Thomas Internacional Católica, Episcopal, trinitária; Igreja Católica na Irlanda (reformado) Episcopal, trinitária; Igreja Católica no País de Gales (reformado) Episcopal, trinitária; Igrejas da Comunidade, Congregação da Igreja Protestante, Presbiteral, trinitária Copta; Igreja Copta, Episcopal, trinitária; Pneumática Ecclesia Gnóstica Esotérica, Episcopal, gnóstico Elim Igreja Protestante, Presbiteral, trinitária;Igrejas Evangélicas Igreja Casa do Pai, Primeira Igreja de Cristo Cientista protestante, Presbiteral, trinitária Free Arquidiocese da Igreja Católica Espírito Santo, Episcopal, trinitária; Igreja Livre da Escócia protestante, Presbiteral, trinitária; Igreja Ortodoxa Grega Ortodoxa, Episcopal, trinitária

Igrejas independentes / Clero; Testemunhas de Jeová, protestantes, Ministério dos crentes, Unitário; Igreja Católica Liberal Católica Apostólica, Episcopal, trinitária; Igreja Católica Liberal Católica,Episcopal, trinitária; Igreja protestante luterana, episcopal, trinitária; Igreja Metodista Protestante, Presbiteral (Episcopal nos EUA), trinitária; Igreja da Comunidade Metropolitana protestante, Presbiteral, trinitária; Igrejas Vida Nova Congregações não denominacional; Antigo Católica Romana Igreja Católica, Episcopal, trinitária; Ortodoxo da Igreja Ortodoxa, Episcopal, trinitária; Presyterian Igreja Protestante, Presbiteral, trinitária, Quakers comunhão co-igual, trinitária, Esotérico; Igreja Católica Romana Católica, Episcopal, trinitária, Igreja Ortodoxa Russa Ortodoxa, Episcopal, trinitária Exército da Salvação protestante, o ministério Multi-rank pragmática, trinitária, Episcopal Escocesa Igreja Católica (reformado), Episcopal, trinitária; Sociedade dos Amigos da irmandade (Quakers) co-igual, trinitária; Esotérico Espiritual da Igreja Católica Gnóstica, Episcopal, trinitária, esotéricas, gnósticas Espiritualista Igreja Teosófica; Igreja Unitária protestante, Presbiteral, Unitário; Igreja Unida de Cristo protestante, Presbiteral, trinitária; Unidos Igreja Reformada Protestante, Presbiteral, trinitária; Universal Católica Igreja Católica, Episcopal, trinitária; Igrejas Vineyard protestante, Presbiteral, Evangélica Waters Edge Igreja ACM não-denominacional, Pragmática Ministério YWCA não-denominacional, Pragmática Ministério.

Foto tirada em 2005 na sede internacional da Igreja "Inglaterra" durante a minha primeira visita, a direita está o pastor Grou que actualmente foi afastado por incumprimentos da doutrina.

Paz não é suficiente - Reconciliação deve vir! *"Bem-aventurados os pacificadores, porque serão chamados filhos de Deus."* 1 João 3:1 diz: *"Como é grande o amor do Pai derramado sobre nós, que deveríamos ser chamados filhos de Deus!* E é isso que nós somos! A razão pela qual o mundo não nos conhece é que não o conhecia. "

Como filho de Deus, temos um ministério de reconciliação. Temos que conciliar os outros a Deus através de Jesus Cristo. Isto é o que traz uma paz duradoura na vida de um homem, na sua família e na sociedade. 2 Coríntios 5:18 nos diz: *"E todas as coisas são de Deus, que nos reconciliou consigo mesmo por Jesus Cristo, e nos deu o ministério da reconciliação."* É chamada de cada crente, para conciliar os outros de volta para Deus. Como filhos de Deus, o nosso ministério da reconciliação é duplo:

1. Estendamos a mão para aqueles que foram abusados e descartados pela religião e legalismo.

2. Estendamos a mão para aqueles que já ouviram falar pouco ou nada do Evangelho.

Estabelecer a paz não é suficiente, deve haver o perdão e a reconciliação! Porque esta é a única maneira de Deus ser glorificado. E estes são os principais e atributos de um verdadeiro pacificador.

"Oração: "Querido Deus, eu Te agradeço por minha liberdade, pela paz, e eu oro por Sua bênção sobre mim. Ensina-me a ser um pacificador - para preservar a paz e, assim, estabelecer um padrão para a prosperidade da minha família, na minha comunidade, e em meu mundo. Em nome de Cristo. Amém."

Na verdade, "Bem-aventurados os pacificadores, porque eles serão chamados filhos de Deus". Artigo pelo Rev. **Dr**. **Kormi E**, em Londres. Nosso fundador, o Pastor **William Oliver Hutchinson** estava orando por em um edifício próprio para reuniões, e ele passou a tentar as provas habituais, que são comuns em uma experiência deste tipo.

Um dia, indo para o jardim, quando estava à espera e à procura de Deus para dar luz e movimento em seu nome no assunto, parecia que um exército de anjos desceu ao seu redor, com uma influência celeste, que era a certeza de que suas orações para um local de culto foram respondidas. Ele alegrou-se, dizendo: "Senhor, dai-me a mim mesmo um edifício, onde você pode ter seu caminho, e ninguém pode parar Você trabalhando."

A Igreja Fé Apostólica, Winton, Bournemouth, foi terminada e dedicada à glória de Deus, como registrado em um memorial no Portal, que carrega a inscrição "para a glória de Deus, 1908. Ela foi devidamente registrada e protegida pela Lei de Tribunais Superiores, em Londres, em 1910. O Rev. **A.A. Boddy**, da Igreja da Inglaterra, escreveu em sua publicação "Confiança" que esta foi a primeira construção erguida em Pentecostal das Ilhas Britânicas.

Toda noite, foram realizadas reuniões na Câmara e um grande trabalho foi feito, que se tornou conhecido entre os conjuntos Pentecostal em todo o país. O poder e a influência do Espírito Santo nas reuniões era tal, que a fusão dos dons do Espírito Santo tornou-se necessário para Escritórios e definições a serem estabelecidas dentro de uma organização da Igreja, como está escrito na Bíblia: 1 Coríntios 12:28.

Muitos homens receberam a sua primeira comissão de pregar o Evangelho, sob a influência do Espírito Santo nas reuniões realizadas pelo Pastor **Hutchinson**. Eles foram ungidos navios e tornou-se notáveis influências nas várias partes da terra em que serviu ao Senhor. De facto, alguns administrados a Palavra do Senhor para o exterior em diferentes partes da Commonwealth.

No decorrer do tempo, alguns foram levados a cortar completamente as suas ligações com a Igreja Fé Apostólica, e estabelecer suas próprias denominações particulares. Assim, outras diferentes organizações Igreja Pentecostal foram formadas. Embora a carga destas divisões foram muito sinceros, no momento, a Palavra do Senhor foi adiante e revelou o verdadeiro objectivo destes ensaios. Ficou claro que o propósito do Senhor era para trazer uma maior profundidade de visão e uma compreensão mais profunda de sua vontade perfeita dentro do Corpo de Cristo. A revelação desdobramentos posteriores era inaceitável para alguns e tornou-se "uma pedra de tropeço" para eles. Infelizmente, a ofensa foi tomada e verdades foram ditas por alguns dissidentes, mas a Revelação e a Bênção que se seguiram a sua partida longe superado todos os traumas vividos por Pastor Hutchinson, e por aqueles que humildemente receberam a luz de uma visão mais profunda.

Ao longo dos 102 anos que o edifício da Igreja tem sido usado, foi necessário substituir o telhado original, janelas, sistema de aquecimento, tapetes e cadeiras. É óbvio que há áreas que ainda precisam ser renovados, mas estamos conscientes de que o Senhor sempre nos conduziu todo este programa de "reparação", de modo que tudo é feito não só em "boa ordem", mas que nós podemos nos alegrar e dar graças por todas as necessidades de ser fornecido.

Embora existam muitos que não entendem a nova revelação dada ao Pastor Hutchinson, estamos certos de que "... Mas haverá sempre um núcleo neste lugar daqueles que virão e apegar ao que foi revelado." (Spoken Word 12 / 10/08). O futuro da Igreja está nas mãos de Deus, e Ele vai continuar a escolher quem Ele quer cumprir suas promessas, como fez com o crente Abraão, que "... Não duvidou da promessa de Deus por incredulidade, mas foi forte na fé, dando glória a Deus. " (Romanos 4:20).

Muitos anos atrás, foi silenciado que outra propriedade deve ser adquirida para substituir o actual edifício estabelecido pelo Pastor Hutchinson, mas o Senhor, pelo Seu Espírito Santo, revelou que não estava de acordo com Sua perfeita vontade, e dirigido pela informação, para ler Ezequiel 48:14: "E não venderão disto, nem trocarão, nem alienar os primeiros frutos da terra: Porque é santo ao Senhor" A Bíblia é a Palavra escrita de Deus ", e se houver alguém tirar das palavras do livro desta profecia, Deus tirará a sua parte do livro da vida, e para fora da cidade santa, e das que estão escritas neste livro. "(Ap. 22:19).

Capítulo XIII
COMO CONSIDERO O BAPTISMO E CASAMENTO NAS MINHAS ANÁLISES E INVESTIGAÇÕES.

O Batismo e a Salvação.

O baptismo é um assunto importante nas Escrituras. Muitos textos mostram que o baptismo está intimamente relacionado com outros temas fundamentais do evangelho. Quando Jesus encarregou os apóstolos da Grande Comissão, ele fez o batismo ser um elemento central da mensagem que eles deveriam pregar ao mundo: "Jesus, aproximando-se, falou-lhes, dizendo: Toda a autoridade me foi dada no céu e na terra. Ide, portanto, fazei discípulos de todas as nações, baptizando-os em nome do Pai, e do Filho e do Espírito Santo; ensinando-os a guardar todas coisas que vos tenho ordenado. E eis que estou convosco todos os dias até à consumação do século" (Mateus 28:18-20).

Quando Paulo apresentou os sete fundamentos da unidade cristã, o batismo era um deles: "Há somente um corpo e um Espírito, como também fostes chamados numa só esperança da vossa vocação; há um só Senhor, uma só fé, um só baptismo; um só Deus e Pai de todos, o qual é sobre todos, age por meio de todos e está em todos" (Efésios 4:4-6). Você pode perceber a importância do baptismo por causa da sua ligação com aqueles outros elementos vitais do cristianismo. Infelizmente, poucos entendem o que a Bíblia afirma acerca da relação entre baptismo e salvação. O objetivo deste artigo é mostrar que o baptismo é um requisito para a salvação.

As Escrituras ensinam que há vários requisitos para a salvação: a graça de Deus, o amor de Deus, o sangue de Cristo, o ouvir a palavra, o arrependimento, a confissão, a fé, a obediência, etc. Nenhum dos elementos acima salva por si só; todos são, no entanto, imprescindíveis. Em meio a tudo o que o homem tem que fazer para ser salvo está o baptismo. Ninguém pode ser salvo sem fé, sem a graça de Deus, sem o sangue de Cristo, sem o arrependimento, etc., mas também não pode ser salvo sem o baptismo. O baptismo é um dos vários requisitos indispensáveis para a salvação.

O Baptismo é Necessário para a Salvação.

Marcos 16:16¬ *"Quem crer e for baptizado será salvo; quem, porém, não crer será condenado."* O texto é claro. É necessário que creiamos e sejamos baptizados. Alguns acreditam que o baptismo não é essencial porque na segunda metade do versículo Jesus não disse que aquele que não crê e não é baptizado será condenado. A questão obviamente é se queremos ser salvos ou condenados. Para sermos salvos duas coisas são necessárias: a crença e o baptismo. Para sermos condenados basta uma: a descrença. Examine este paralelo: quem for contratado pela fábrica e trabalhar esforçadamente receberá a promoção; quem não for contratado não receberá a promoção. Na verdade, não importa quão arduamente um homem trabalhe, se nunca for contratado, certamente não receberá a promoção.

João 3:5¬ "Respondeu Jesus: Em verdade, em verdade te digo: Quem não nascer da água e do Espírito não pode entrar no reino de Deus." Não é possível entrarmos no reino do céu sem nascermos de novo da água e do espírito. O único nascimento pela água de que falam as Escrituras é o baptismo (veja Romanos 6:3-4). Nascer do espírito diz respeito à transformação espiritual que devemos experimentar. Sem o baptismo das águas e sem a mudança espiritual, é impossível entrarmos no reino.

Atos 2:38 "Respondeu-lhes Pedro: Arrependei-vos, e cada um de vós seja baptizado em nome de Jesus Cristo para remissão dos vossos pecados, e recebereis o dom do Espírito Santo." O contexto aqui é muito importante. Pedro tinha acabado de pregar um sermão no qual acusava os que o ouviam de haverem assassinado ao Senhor. Seus ouvintes perguntaram o que tinham que fazer então para serem salvos. Pedro mandou que se arrependessem e fossem baptizados para receber o perdão dos pecados e o dom do Espírito Santo. Sem arrependimento e sem baptismo, permanecemos perdidos, sem perdão? Atos 22:16"E agora, porque te demoras? Levanta-te, recebe o baptismo e lava os teus pecados, invocando o nome dele." Esse texto nos mostra como invocar o nome do Senhor e ser salvo. Certamente devemos invocar o nome do Senhor para sermos salvos (Romanos 10:13; Atos 2:21).

Mas isso significa mais que simplesmente gritar "Jesus" (Mateus 7:21-23; Lucas 6:46; Atos 19:13-16; Romanos 10:1-3). Invocar o nome do Senhor significa voltar-se para ele e submeter-se a ele para receber a salvação. O modo pelo qual fazemos isso é para ser baptizados e lavar os pecados. Uma vez que não é possível sermos salvos tendo ainda o pecado e uma vez que o baptismo é exigido para ser lavado dos pecados, fica claro que o baptismo é necessário para a salvação.

Romanos 6:3,4¬ "Ou, porventura, ignorais que todos nós que fomos baptizados em Cristo Jesus fomos baptizados na sua morte? Fomos, pois, sepultados com ele na morte pelo baptismo; para que, como Cristo foi ressuscitado dentre os mortos pela glória do Pai, assim também andemos nós em novidade de vida." Essa passagem compara o baptismo do cristão com a morte, o sepultamento e a ressurreição de Cristo. Jesus morreu. Nós temos que morrer com respeito ao pecado. Jesus ressuscitou; devemos também ressurgir do nosso sepulcro do batismo para vivermos uma vida nova. Está claro que a nossa nova vida segue o nosso baptismo. Como não se enterra ninguém vivo, mas sim os mortos, assim também os baptizados são aqueles que estão mortos no pecado e não os que já estão vivos em Cristo. A vida nova é recebida após o baptismo.

1 Pedro 3:21: *"A qual, figurando o baptismo, agora também vos salva, não sendo a remoção da imundícia da carne, mas a indagação de um boa consciência para com Deus, por meio da ressurreição de Jesus Cristo."* O baptismo compara-se ao dilúvio dos dias de Noé. O dilúvio salvou a Noé da corrupção e da perversidade do velho mundo. O baptismo nos salva da corrupção e do pecado de nossa velha vida. Uma vez que o texto afirma que o baptismo nos salva, a questão é indiscutível.

OBJEÇÕES.

"O baptismo não é baptismo de facto." Algumas pessoas tomam os textos acima e tentam desidratá-los, dizendo que não se referem ao baptismo nas águas. Isso é difícil fazer de forma convincente. João 3:5, por exemplo, afirma claramente: "nascer da água e do espírito". As pessoas tentaram dar toda sorte de significados à água nesse texto.

Algumas dizem que Jesus estava falando do nascimento físico e que a água é o líquido amniótico de que tratamos quando dizemos que rompeu a bolsa d'água de uma grávida. Mas seria um pouco estranho que Jesus dissesse a homens vivos que eles tinham de nascer de novo fisicamente para entrar no reino dos céus. Informar Nicodemos que precisava nascer fisicamente para entrar nos céus era visivelmente desnecessário; isso obviamente já havia ocorrido! No contexto, Jesus mostrou categoricamente que estava falando de um nascimento espiritual e não físico. Foi Nicodemos, não Jesus, que imaginou entrar de novo no ventre da mãe para nascer. Alguns dizem que água em João 3:5 significa a palavra. Mas isso é arbitrário. Podemos dizer que água significa qualquer coisa ¬ iogurte, por exemplo ¬ e ensinar que as pessoas devem ser baptizadas no iogurte para ser salvas! Mas Jesus disse água, e não há por que mudar isso.

Deve ficar claro que 1 Pedro 3:21 se refere ao baptismo nas águas. No contexto, ele estava falando sobre como o mundo dos dias de Noé se encheu de água. Alguns defendem a idéia de que Noé foi salvo das águas e não pelas águas. O ponto do contexto, entretanto, não é a preservação de Noé na arca, mas sua salvação pela água do pecado do mundo.

Alguns tentam interpretar essas passagens como se fosse uma referência ao baptismo com Espírito Santo. É verdade que a Bíblia menciona o baptismo do Espírito Santo. Há, no entanto, diferenças significativas entre o baptismo nas águas e o baptismo do Espírito Santo que devem deixar claro a qualquer estudioso qual é qual. O baptismo do Espírito Santo era uma promessa, nunca uma ordem (observe Atos 1:4-5,8). Se um baptismo é ordenado, sabemos que não se trata do baptismo do Espírito Santo. Com base nisso, Atos 2:38 e Atos 22:16 têm que referir-se ao baptismo nas águas. Cristo é quem baptizava com o Espírito Santo, não o homem. Se o baptismo tratado é um baptismo feito por homens, sabemos tratar-se do baptismo nas águas. Por essa razão, Marcos 16:16 deve referir-se ao baptismo nas águas (veja Mateus 28:18-20; Marcos 16:15-16). Romanos 6:3-4 é o baptismo nas águas porque implica um sepultamento e uma ressurreição para uma nova vida.

"A salvação não é salvação de facto." Às vezes as pessoas negam que esses textos realmente ensinem que o baptismo é essencial para a salvação. Com muita frequência, fazem-no com Atos 2:38: "Respondeu-lhes Pedro: Arrependei-vos, e cada um de vós seja baptizado em nome de Jesus Cristo para remissão dos vossos pecados, e recebereis o dom do Espírito Santo". Dizem que a expressão "para remissão dos pecados", no grego, significa ser baptizado porque os seus pecados já foram perdoados e não para receber o perdão dos pecados. O interessante é que a mesma expressão, tanto em português quanto em grego, é usada em Mateus 26:28: "Porque isto é meu sangue, o sangue da nova aliança, derramado em favor de muitos, para remissão dos pecados". O sangue de Jesus foi vertido para remissão dos pecados. Teria seu sangue sido derramado porque os nossos pecados já haviam sido perdoados ou para recebermos o perdão? Sem dúvida, para recebermos. Atos 2 já em si afirma que devemos arrepender-nos e ser baptizados para o perdão. Se devíamos ser baptizados porque os nossos pecados já foram perdoados, então o arrependimento também se daria porque já recebemos a remissão dos pecados. Sabemos, porém, que o arrependimento é um requisito para recebermos o perdão; também o baptismo.

"Salvos pela fé." Muitas pessoas fazem vistas grossas a todos os textos que tratam do baptismo ao tentarem decidir se o baptismo é ou não imprescindível para a salvação. Elas ressaltam os versículos bíblicos que ensinam que somos salvos pela fé (João 3:16; 5:24; Atos 16:31; Romanos 5:1; 10:9-10, etc.). Sem dúvida somos salvos pela fé. A Bíblia deixa isso bem claro. Mas esse facto nada fala sobre o baptismo ser ou não também necessário para a salvação. Somos salvos por Cristo (Romanos 5:9-10), mas isso não significa que a fé seja dispensável. Somos salvos pelo arrependimento (Atos 3:19), mas isso não invalida a graça de Deus. Mateus 5:9 ensina que somos salvos por sermos pacificadores, mas isso não nos autoriza a descartar a fé, o arrependimento e o baptismo, crendo que o facto de sermos pacificadores seja em si o que nos vai salvar.

Se desejo saber sobre a relação que há entre o baptismo e a salvação, devo estudar os textos que tratam do assunto do baptismo e da salvação. Os textos que abordam a relação entre a fé e a salvação não responderão à pergunta.

Conquanto a Bíblia inequivocamente ensina que somos salvos pela fé, ela também nos mostra que nem todo tipo de fé salva. Tiago 2:14-26 sustenta com convicção que a fé sem a obediência é uma fé morta incapaz de salvar. João 12:42,43 apresenta algumas pessoas que creram, mas não professaram a Cristo: "Contudo, muitos dentre as próprias autoridades creram nele, mas, por causa dos fariseus, não o confessavam, para não serem expulsos da sinagoga; porque amaram mais a glória dos homens do que a glória de Deus". Será que foram salvas? Certamente, nem todo tipo de fé salva, apenas a fé que obedece ao que as Escrituras ensinam (Gálatas 5:6; Hebreus 5:9).

O que realmente importa perguntar é: quando é que a fé salva? A fé de Josué e dos homens de Israel causaram a ruína dos muros de Jericó quando obedeceram ao Senhor e marcharam ao redor dos muros 13 vezes (Hebreus 11:30). A nossa fé salva quando obedecemos ao Senhor (Romanos 6:17-18) e somos baptizados (Gálatas 3:26-27).

"Não salvo pelas obras." As Escrituras ensinam que não somos salvos pelas obras (Efésios 2:8-9; Romanos 4:1-5), mas também que somos salvos pelas obras (Tiago 2:24). Não há dúvida de que esses textos falam de diferentes tipos de obra. A Bíblia, aliás, aborda muitos tipos diferentes de obras. Há as obras da carne (Gálatas 5:19-21). É claro que não somos salvos por estas obras. A Bíblia trata de obras para ganhar ou merecer a salvação. Com estas obras, a salvação seria uma questão de salário e aquele que a recebesse poderia gabar-se de ter merecido a salvação porque trabalhou para conquistá-la. Esse tipo de obra não salva (Romanos 4:1-5). Mas as obras de uma fé obediente são imprescindíveis para a salvação (Tiago 2:14-26). Devemos sempre analisar o tipo de obra que se acha em discussão no contexto. Tito 3:5 ensina que não somos salvos pelas obras, mas pelo baptismo: "Não por obras de justiça praticadas por nós, mas segundo sua misericórdia, ele nos salvou mediante o lavar regenerador e renovador do Espírito Santo". Paulo estava aqui usando obras no sentido de Efésios 2 e de Romanos 4, afirmando que o baptismo não é uma obra de merecimento, pela qual não somos salvos. O baptismo é um ato de obediência pelo qual somos salvos.

A confusão surge do nosso uso da palavra obra. Suponhamos que eu lhe prometa dar um milhão de reais sob certas condições.

Suponhamos que eu lhe prometa dar um milhão de reais sob certas condições. Você tem de limpar toda a minha casa. Minha casa não é muito grande, nem está muito suja, então está claro que o pagamento se trata de um presente e não um salário. Você fez obras suficientes para merecer um milhão? Claro que não. Seria absolutamente impossível você ganhar um milhão de reais limpando uma casa. Você fez obras para cumprir as condições e receber um milhão de presentes? Sem dúvida. Você o recebeu só depois de limpar a casa. Nossa palavra obra às vezes só faz referência a algo feito. Outras vezes, refere-se a algo feito para merecer salário. Precisamos fazer algo para ser salvos, mas não podemos ganhar a nossa salvação como um pagamento.

"O ladrão na cruz." Às vezes, ouvimos a objeção de que o ladrão da cruz não foi baptizado, mas foi salvo. O ladrão foi salvo antes de Jesus morrer. Ninguém podia ser baptizado na morte de Jesus antes que ele mesmo tivesse morrido. Portanto, nem Abraão, nem Moisés, nem Davi, nem ninguém antes de Jesus foi baptizado para ser salvo. Os requisitos bíblicos para a salvação mudaram com a morte de Cristo. Nem Abraão, nem Moisés, nem Davi, nem o ladrão acreditaram que Jesus tinha ressuscitado dentre os mortos. Mas ninguém pode ser salvo hoje sem crer que Jesus ressuscitou dos mortos.

Hebreus 9:15-18 afirma que o testamento de uma pessoa passa a vigorar após sua morte. Antes de eu morrer, posso distribuir os meus bens da maneira que eu bem entender. Após minha morte, minhas propriedades serão distribuídas de acordo com as disposições do meu testamento. Antes da morte de Jesus, ele deu a salvação àqueles que quiseram. Mas, após morrer, a salvação é dada de acordo com as condições de seu testamento. Após sua morte, Jesus claramente afirmou que aquele que crê e se baptiza será salvo (Marcos 16:15-16).

Muitas vezes Deus fez uso da água como linha divisória. Nos dias de Noé, a água do dilúvio separava o mundo pecaminoso da nova vida num mundo purificado (Gênesis 6-8). No êxodo, a água do mar Vermelho era a linha divisória entre a escravidão e a liberdade (Êxodo 12-15). Nos dias de Naamã, a água do rio Jordão era a linha divisória entre a lepra e a purificação (2 Reis 5). Nos dias do cego, a água do Tanque de Siloé era a linha divisória entre a cegueira e a capacidade de ver (João 9). Por que Deus usou a água nesses casos, eu não sei. Mas, sem dúvida, não nos deve parecer estranho que Deus tenha feito a água no Novo Testamento ser a linha divisória entre a velha vida de pecado e a nova vida em Cristo.

O baptismo não é o único requisito para a salvação hoje, mas não podemos ser salvos sem ele. "Respondeu Jesus: Em verdade, em verdade te digo: Quem não nascer da água e do Espírito não pode entrar no reino de Deus" (João 3:5).

"O QUE É O BAPTISMO DO ESPÍRITO SANTO?".

Resposta: Podemos definir o Baptismo do Espírito Santo como a obra através da qual o Espírito de Deus coloca o crente em união com Cristo e em união com outros crentes no Corpo de Cristo, no momento da salvação. I Coríntios 12:12-13 e Romanos 6:1-4 são as passagens centrais na Bíblia onde encontramos esta doutrina. I Coríntios 12:13 declara: "Pois todos nós fomos baptizados em um Espírito, formando um corpo, quer judeus, quer gregos, quer servos, quer livres, e todos temos bebido de um Espírito." Romanos 6:1-4 declara: "Que diremos pois? Permaneceremos no pecado, para que a graça abunde? De modo nenhum. Nós, que estamos mortos para o pecado, como viveremos ainda nele? Ou não sabeis que todos quantos fomos batizados em Jesus Cristo, fomos baptizados na sua morte? De sorte que fomos sepultados com ele pelo baptismo na morte; para que, como Cristo foi ressuscitado dentre os mortos, pela glória do Pai, assim andemos nós também em novidade de vida." Apesar de Romanos 6 não mencionar especificamente o Espírito de Deus, descreve a posição dos crentes perante Deus e I Coríntios 12 nos diz como isto acontece.

É necessário que observemos três factos que ajudam a solidificar nossa compreensão do Baptismo do Espírito. Primeiramente, I Coríntios 12:13 afirma claramente que todos fomos baptizados no momento em que bebemos (recebemos o Espírito para habitar em nós). Em segundo lugar, em nenhum lugar das Escrituras ela exorta que os crentes sejam baptizados com/no pelo Espírito. Isto indica que todos os crentes já experimentaram este ministério. Por último, Efésios 4:5 parece se referir ao baptismo do Espírito. Se este é mesmo o caso, o baptismo do Espírito já é a realidade de cada crente, assim como o são "uma fé" e "um Pai".

Concluindo, o baptismo do Espírito Santo faz duas coisas: (1) nos une ao Corpo de Cristo, e (2) valida nossa co-crucificação com Cristo.

Sermos parte de Seu corpo significa que somos levantados com Ele para novidade de vida (Romanos 6:4). Devemos então exercitar nossos dons espirituais a fim de mantermos este corpo funcionando adequadamente como afirma o contexto de I Coríntios 12:13. Experimentar o baptismo do Espírito funciona como base para mantermos a unidade da igreja, como no contexto de Efésios 4:5. Sermos associados com Cristo em Sua morte, sepultamento e ressurreição através do baptismo do Espírito estabelece a base para a conquista da nossa separação do poder do pecado que está dentro de nós e nossa caminhada em novidade de vida (Romanos 6:1-10, Colossenses 2:12).

O CASAMENTO CRISTÃO.

O casamento cristão baseia-se no facto de ambos os nubentes crerem que o casamento é uma instituição divina, e como tal, reconhecem que o casamento partiu do coração de Deus para os homens na terra, e só Ele é capaz de tornar um casamento bem-sucedido. É por isso importante que alguém em nome de Deus esteja presente para abençoar o casamento (trazer o bem de Deus sobre as pessoas), que o mesmo seja celebrado sobre a Palavra de Deus e que os convidados sejam pessoas que concordem com a união.

A Igreja para estas pessoas não é um lugar onde ocorrem cerimónias sociais, onde se mantém um estatuto social passando por um ritual religioso, mas crêem que ir à Igreja regularmente, é fazer parte de uma família espiritual onde Jesus Cristo é o Senhor, onde todos bebem de um mesmo Espírito, o Espírito Santo de Deus.

Ir à Igreja é prestar culto a Deus, ministrando o nosso louvor e adoração, honrando-o com a nossa vida, é ser ministrado por Deus, é estar numa escola onde se aprendem e observam verdades bíblicas determinantes para uma vida que se quer bem-sucedida e harmoniosa consigo mesma com os outros e com Deus.

Assim podemos definir as seguintes características bíblicas que contribuem para um casamento bem-sucedido: O casamento é a união de um homem e de uma mulher que constroem em comunhão e em amor uma vida comum. Não é bíblico o casamento entre dois homens ou entre duas mulheres, tal facto constitui uma perversão do modelo de família instituído por Deus. Tal união é considerada imoral e iníqua.

O casamento não acontece no dia da cerimónia, apenas começa nesse dia e necessita ser construído diariamente por ambos, é responsabilidade dos casados construir uma relação sólida pelo ouvir e prática contínua da Palavra de Deus. Se assim o fizerem, Deus promete que esse casamento estará sobre uma rocha inabalável capaz de resistir a todo o tipo de contrariedades e dias maus, pois Deus vela sobre a sua Palavra para a cumprir e sempre se torna protecção espiritual, fonte de sabedoria e solução para todos os problemas na vida daqueles que n'Ele confiam. (Mateus 7:24).

Um casamento cristão não se constrói baseado nos "achos" dos amigos nem pelos palpites dos familiares, nem pela sabedoria popular ou experiências de pessoas que não se regem pela Palavra de Deus. (Salmo 1:1-3). A origem dos problemas no casamento está muitas vezes em desconhecer ou desrespeitar princípios contidos na Bíblia para o casamento. Desconhecer ou desrespeitar o papel e funções do marido e da mulher, as prioridades no casamento, as hierarquias na família, a prática da comunhão e do Amor de Deus, a infidelidade a Deus do casal, pode tornar o casamento num caos!

A bíblia diz que Deus criou o Homem, macho e fêmea os criou. Deus não inventou o machismo nem o feminismo, estas são duas perversões naturais numa sociedade que não vive segundo o Espírito bíblico. Deus criou o homem e a mulher para serem como um só, para se complementarem com funções diferentes, com características diferentes, em respeito mútuo, para que a sua diversidade e dons sejam uma riqueza para Deus e uns para os outros. Um casamento sadio é pois fruto de decisões previamente amadurecidas pelo diálogo, pela partilha de corações, sonhos, angústias, metas e responsabilidades.

A única regra que Deus impõe é no caso de discórdia persistente, onde Deus atribui ao marido a responsabilidade de decidir em última instância, e à mulher a responsabilidade de unir-se de coração ao marido salvaguardando a unidade e estabilidade familiar.

Saber comunicar informação, sentimentos e afectos, cuidar do seu relacionamento deve ser uma prioridade para o casal. Saber ouvir, mostrar compreensão, aceitação e amor suprem importantes necessidades de segurança interior, de confiança mútua e bem-estar.

Agressão verbal, palavras venenosas, má gestão financeira e a simples indiferença são agentes corrosivos da relação matrimonial. É importante que o casal prossiga em conhecer-se mutuamente pois ambos têm necessidades emocionais e físicas que devem ser conhecidas e respeitadas no contexto da diferença entre sexos.

Devem também estar alerta para eventuais problemas de alma. Pois muitas pessoas vão para o casamento com uma alma doente, carregando consigo uma visão distorcida de si mesmas e dos outros, fobias, receios e inseguranças, às vezes expectativas do parceiro às quais ele nunca poderá corresponder plenamente. É por isso importante estar atento às raízes de amargura e ressentimento, a eventuais sentimentos de rejeição, ganhar coragem e confrontar essa realidade, procurando ajuda. Se o seu casamento está em dificuldades, se a chama que existia apagou-se e demora a reacender-se, não se resigne, deixar passar o tempo poderá levar a sua relação a entrar em etapas irreversíveis. O casamento é a união de um homem e de uma mulher que constroem em comunhão e em amor uma vida comum.

O amor sobre o qual o casamento cristão deve ser construído é de natureza sobrenatural e tem a sua expressão máxima na vida de Cristo. Normalmente as pessoas apenas estão habituadas ao Amor-próprio que nasce com todo o ser humano, aquele amor egoísta que temos por tudo o que é nosso. Conhecem também o amor fraternal cultivado pela amizade e o Amor do tipo sensual, que atrai sexualmente. No entanto existe um Amor sobrenatural de procedência divina cuja especialidade é restaurar relacionamentos entre os homens e entre os homens e Deus. Este Amor é derramado no coração das pessoas quando têm um encontro real com Cristo na sua vida e é revelado na intimidade com Deus. Este Amor é superiormente caracterizado em I Coríntios 13. É um amor altruísta, que não busca o seu próprio interesse mas o interesse dos outros.

Quem é movido por este Amor, ama as pessoas independentemente do que elas mereçam, do que tenham dito acerca de nós, do seu feitio ou daquilo que tenham para nos dar. É um Amor que nasce do nosso relacionamento com Deus e torna-se para nós uma necessidade, praticá-lo. A bíblia define este Amor como benigno, nunca motiva a malícia, nem a suspeição do mal, nem a chantagem.

Não alimenta ciúmes nem desconfianças, não trata com leviandade, opera através do perdão incondicional, tudo é capaz de sofrer, esperar, tudo vence! Jesus movido por este Amor disse em Mateus 5:44 e 45:" Amai os vossos inimigos, bendizei os que vos maldizem, fazei bem aos que vos odeiam, e orai pelos que vos maltratam e perseguem; para que sejais filhos do vosso Pai que está nos céus..."

Pegue em uma Bíblia e abra em I Coríntios capítulo 13, do versículo 1 ao 13 e tome para si nota de todas as características deste Amor. Pense que de forma pode amar o seu marido ou esposa através dessas características. Se nunca recebeu Jesus no seu coração faça-o antes de tudo. Se o seu cônjuge também nunca teve um encontro real com o Amor de Deus leve-o também a Jesus por meio da mesma oração e venham ambos à Igreja, Deus vai transformar a vossa vida para sempre!

O casamento é a união de um homem e de uma mulher que constroem em comunhão e em amor uma vida comum. O casamento cristão visa a construção de uma só vida para duas ou mais pessoas (filhos). Não há lugar para pessoas que vivem em permanente desconfiança mútua, cada um tem as suas coisas, as suas contas pessoais, os seus interesses privados e por conveniência dormem debaixo do mesmo tecto, ou na mesma cama.

O casamento deve dar origem a uma vida onde ambos possam desfrutar de prazer, onde ambos tenham espaço para respirar e fazer o que gostam mas, a regra é como na constituição angolana, a liberdade e direitos de um termina onde priva o outro das suas liberdades e direitos pessoais. As metas devem ser comuns, não existem interesses privados onde a vida é comum, não devem por isso viver uma vida de segredos e de golpes baixos tirando proveito das fraquezas mútuas. Um lar assim será um inferno para o desenvolvimento dos filhos e um péssimo exemplo de família cristã!

A Bíblia diz que uma casa dividida contra si mesma não prevalecerá, onde cada um puxa para seu lado não se pode pedir a Deus que abençoe! Uma casa que privilegia a sua unidade constitui-se o foco da bênção e vida eterna conforme Deus promete no Salmo 133.

Uma vida em comum fala-nos também de o casal ter o cuidado de viver debaixo da mesma influência benigna e orientadora do Espírito Santo de Deus. Quando todos se regem pelos mesmos princípios, ambos frequentam a Igreja e alimentam uma mesma vontade (a de Deus) torna-se fácil serem sensíveis um ao outro e obedecerem" a vida das pessoas da forma de viver deste mundo, própria de todos aqueles que vivem como se Deus não existisse (vivem em pecado, biblicamente).

Capítulo XIII
SÍMBOLOS DA IGREJA FÉ APOSTÓLICA.

A igreja da Fé Apostólica tem os seus símbolos, que são; uma árvore que simboliza o corpo de Cristo, e que em sua volta tem quatro ovelhas que significa os quatro animais ao redor do trono celestial Apoc. 4:8. A corrente em volta das folhas da árvore simboliza a união dos crentes apóstolos. As letras sangue e água simbolizam o baptismo em água, lavagem e pureza de pecados (o sacrifício da expiação do pecado). Os raios solares da madrugada simbolizam o reflexo divino (nova era cristã). Os dois globos terrestres sendo um no lado direito outro no lado esquerdo, simbolizam os dois reinos, terrestres e celestial Apoc. 3:35.

UNIFORME
A Igreja da fé apostólica tem um uniforme específico que é utilizado pelos coristas e congregação em geral, que tem três cores: cor branca que significa a pureza que deve ter o crente apostólico; Azul que significa a esperança da vida celestial e preto que significa o mundo do pecado.
OBS. A boina utilizada pelas senhoras, defronte da mesma existe uma racha cruzada que significa a cruz.
Epayas: os homens apostólicos utilizam epayas onde está desenhado uma árvore que significa o corpo de Cristo e ao ser usado começa do braço direito para o esquerdo, que significa o corte do poder do braço direito (deixar de bater).
NB: Todos que utilizam este uniforme da igreja os sapatos devem ser pretos e de sola rasa.

LITURGIA
Vem da palavra Grega (leitourjilia) – função ou serviço público; qualquer serviço divino. É uma palavra que antes do uso na religião queria dizer um serviço que se faz ao Estado, pagando as despesas o próprio indivíduo por sua conta. É com este sentido que vem para o cristianismo,

no qual este serviço é feito a Deus com os próprios instrumentos do adorador. Assim, a Bíblia, a Liturgia vem a ser serviço do povo que é feito ao Senhor Jesus, pregando o Evangelho, orando, com os próprios recursos quer culturais quer intelectuais.

Não há portanto uma Liturgia que é transmitida melhor do que aquela que usa a própria cultura do povo que adora. Liturgia significa ou quer dizer, serviço do povo à Deus com os próprios meios, porque Deus usa e santifica o que o seu povo tem para o louvar.

Liturgia no contexto religioso é o conjunto de lições bem ordenadas: orações, intróitos, cânticos, salmos, doxologia, credos, leituras das Sagradas Escrituras Velho e Novo Testamento, bênção, etc., tudo isto, obedecendo uma determinada ordem e tendo uma única finalidade: **prestar culto a Deus**.

FINALMENTE O QUE É QUE NÓS CRENTES ADORAMOS ?

Adoramos a Deus, quer dizer que o nosso espírito se põe em contacto com o Espírito de Deus de modo que possamos receber tudo de Deus e dar-lhe tudo o que temos. Isso quer dizer que nós devemos chegar a Deus pessoalmente.

RAZÃO DE SER E AUTORIDADE DA PRÉDICA (sermão)

Por quê se prega na igreja? De onde retira a igreja a Autoridade para pregar?

O pregador ou pregadora – seres humanos que falam tão bem ou terrivelmente mal como qualquer outro; que são tão bem ou mal informados como qualquer outro sobre as coisas do mundo; que são uma fortaleza de virtudes ou um foco de fraquezas como muitos outros; que são assaltados por bloqueios ideológicos, preconceitos, avareza, desprezo, ódio, desânimo, como qualquer outro; que galgam os píncaros da certeza da fé ou mergulham nos calabouços da dúvida, como tantos outros de onde se arrogasse seres humanos tão normais e iguais aos outros o direito de subirem a um púlpito e, lá, metidos num talar ou não, dizerem coisas, presentemente em nome de Deus? Por quê prega a Igreja? Antes de mais nada porque ela existe a partir de um Deus que fala. O Deus que é a razão de ser da Igreja, se comunica, se articula, dá recados, através da sua Palavra. Esta é uma das características essenciais.

É falando que Deus cria: "Disse Deus: haja luz; e houve luz" (Gen. 1:3). Pela Palavra, Deus se comunica com a mulher e o homem no Edem, providenciando o necessário para a vida, fazendo saber sua vontade, chamando à responsabilidade anunciando castigo, preservando a vida (Gen. 2:16-18, etc.).

HOMILÉTICA

Homilética é a ciência que se ocupa com a pregação cristã e, de modo particular, com a prédica proferida no culto, no seio da comunidade reunida, Prédica sermão.

O termo Homilética vem da palavra Grega HOMILETIKOS - HOMILIA. O verbo significa MOMILEIN que significa relacionar-se, conversar, HE MOMILIA designa no N. T, o estar juntos, o relacionar-se, e, nos primeiros séculos da era cristã, o termo passa a ser usado para denominar a prédica. A Homilética faz parte da Teologia Prática. Sua tarefa não se limita a princípios teóricos, mas concentra-se grandemente no treinamento prático. Pregar é em grande parte artesanato. E artesanato se aprende praticando. Porém, a pregação cristã deve depender grandemente da orientação do poder de Deus, o Espírito Santo, grande ensinador. Assim sendo, os conhecimentos desta ciência precisam ser complementados por um treinamento prático, de preferência orientado. Leia-se: Salmos: 621; 42: 1; Mat. 5:6.

1. Adoramos porque o desejo do homem é encontrar em Deus refúgio e bondade;
2. Aquele que estiver triste procura consolo;
3. Quem tiver alguma falta, procura satisfazê-la;
4. Aquele que estiver triste e receios procura que o ajude e guarde os seus incómodos;
5. O infeliz procura felicidade;
6. Aquele que está sempre preocupado procura a tranquilidade;
7. Quem tiver falta de forças, procura encontrá-las;
8. Quem tiver dúvidas na sua vida procura a vontade de Deus para que lhe dê compreensão;
9. Dar graças;
10. Quem tiver cometido qualquer pecado, procura obter perdão;

O DIRIGENTE DO CULTO

O serviço de dirigir é muito importante. Por isso é necessário que tenhamos dirigentes bem preparados nesse serviço. É claro que uma pessoa mesmo sozinha pode adorar a Deus ainda que não seja instruída. No culto doméstico, isto é, em casa deve fazer esse trabalho, aliás como crente verdadeiro é seu dever. Porém, na Igreja exige-se uma pessoa preparada, conhecedora do serviço. Não queremos com isso dizer que quem não sabe nunca dirigirá o culto; não, o que se pretende é que nós devemos capacitar, devemos aprender e tenhamos vontade de fazê-lo.

O dirigente deve saber o quanto é importante o serviço que está a fazer.

1. Julga-se **Profeta** e que não é dele o que está a dizer, mas de Deus. Se ele está a ler as Escrituras são de Deus e não dele. Se estiver a pregar lembre-se que é Deus que nele esta a falar. O serviço é fazer exigir, compreender ao povo a palavra de Deus com sinceridade. Por isso deve procurar maneiras de fazer com que o povo compreenda a palavra de Deus.

2. Julga-se como **Sacerdote**, cujo serviço é representar as pessoas perante Deus. O profeta é a voz de Deus e o sacerdote é a voz do povo. Nas suas orações explica a Deus quais são os pensamentos do povo. Ora por ele e ajuda-se a chegar-se à presença de Deus.

3. Julga-se ainda como **Dirigente** cujo serviço é dirigir o povo como o pastor dirige as suas ovelhas; não a força, mas por amor. Porque assim os seus pensamentos condizem com os do povo e todos com Deus, espiritualmente. Esse trabalho é muito difícil, pelo que é preciso um dirigente muito dedicado que faça tudo com muito cuidado.

UM BOM DIRIGENTE TEM BONS COSTUMES.

1. É bom cristão. Tem fé em Deus. Adora bem e tem amor para com todos.

2. É muito cuidadoso: veste-se bem e traz sempre roupa limpa e não rota, está sempre asseado de modo que não se preocupa com nada enquanto está no púlpito. Porta-se bem perante as pessoas. Se for homem, o casaco, as calças, a gravata estão bem arranjados e não traz nada nos bolsos que lhes dê um mau aspecto. Se for uma senhora, os vestidos têm de ter uma altura normal, limpo e não de cores muito berrantes.

Os sapatos limpos. Os livros não cheios de papéis sem nenhuma importância para o culto. **Não deve**.

O DEVER DAS PESSOAS NO CULTO.

Todo aquele que na verdade vai à Igreja para adorar, entrega-se a Deus enquanto lá está. É dever do dirigente ensinar-lhe como isso se faz. Devemo-nos preparar para a adoração antes de irmos para o culto.

Aqui vão indicadas algumas passagens da Bíblia que se podem ler enquanto se espera: Salmos 27:4-6; 42:1-2; 15:1-8; 10:1-2; 34:7-8; 51:10-12; 116:12-14; 139:23-25; Mat. 5:6-8; etc.

O culto é mesmo para ti, que vieste adorar. Enquanto o dirigente ora, tu também deves orar com ele. Ele está orando por ti, querendo conduzir-te a Deus; inclina-te quando se ora e não com preguiça; não durmas. A preguiça é sinal de falta de respeito.

Não se pode fingir cantando: "tudo ó Cristo a Ti entrego", enquanto não se tem vontade de dar nada a colecta, ou cantar "Cristo bom Mestre eis meu querer", enquanto está recusando fazer qualquer das suas obras. Na altura do sermão não se deve dormir ou espreguiçar-se. Deve-se entrar e sair em silêncio na casa de oração. Não sair antes do fim do culto. Falar em voz alta e ter muito cuidado com os gestos que faz. Tem de ser inteligente e instruído. Precisa de ler muitos livros para poder distinguir as necessidades das pessoas.

O dirigente tem de frequentar os cultos sem que seja preciso exigir-lhe. Precisa de compreender como é que Deus o livrou dos seus pecados. Que seu amor seja sincero para com todos. Quando faz oração, fala na verdade com Deus. Na Santa Ceia reconhece o verdadeiro amor a Deus revelado em Jesus Cristo na Cruz. Se lê as Sagradas Escrituras tem fé em tudo o que está a dizer. Saiba que todas as pessoas têm o mesmo valor perante Deus e precisam de sua salvação. Imagina, isto é, pensa nas várias maneiras de embelezar o culto, atrair toda a atenção da gente. Pode alterar o programa se ver que não está bem elaborado de maneira a prender a atenção do povo. Se não tiver suficiente voz solicite o apoio de um dos irmãos que tenha fôlego para tal, nunca deves insistir pois isto pode ficar mal perante a comunidade cristã. Seja o primeiro a entrar no templo e verifique se ela está bem arrumada.

ALGUNS CONSELHOS PARA O DIRIGENTE DO CULTO E PARA O POVO.

1.Não chegar atrasado aos cultos;

2.Ter cuidado com a roupa e a maneira de proceder;

3.Nunca usar roupa nem modos que sejam repelantes às pessoas;

4.O dirigente nunca deve mostrar-se nervoso enquanto está no púlpito;

5.Não deve dormir enquanto o pregador faz o sermão;

6.O dirigente não deve entreter-se com leituras inúteis enquanto espera que o pregador acabe;

7.O dirigente do culto tem de ser avisado com muita antecedência assim como aquele que vai fazer a pregação principal;

8.Nunca se deve exibir como se fosse o melhor dirigente ou o melhor pregador do mundo;

9.Em tudo deve sempre fazer com que as pessoas reconheçam a Deus e o seu Poder infinito.

AMÉM!!!!!!!!!!!!!!!!!!!!!!!!!!!!!!!!!!!!!!!

ÍNDICE

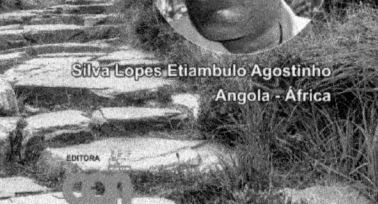

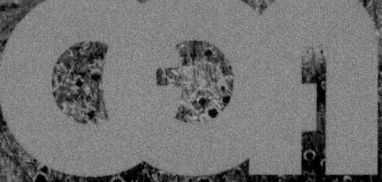

Lightning Source UK Ltd.
Milton Keynes UK
UKHW022112050721
386694UK00010B/763/J